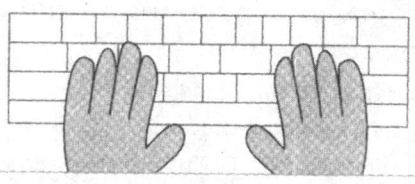

如何在数字时代养育孩子

［美］戴安娜·格雷伯◎著　陶尚芸◎译
（Diana Graber）

Raising Humans in a Digital World

天津出版传媒集团
天津科学技术出版社

著作权合同登记：图字 02-2021-093 号

RAISING HUMANS IN A DIGITAL WORLD by DIANA GRABER
Copyright:©2019 DIANA GRABER
This edition arranged with Harper Collins Leadership
through Big Apple Agency, Inc., Labuan, Malaysia.
Simplified Chinese edition copyright:2021 Beijing Standway Books Co., Ltd
All rights reserved.

图书在版编目（CIP）数据

如何在数字时代养育孩子 /（美）戴安娜·格雷伯著；陶尚芸译 . -- 天津：天津科学技术出版社，2021.12

书名原文：Raising Humans in a Digital World

ISBN 978-7-5576-9649-8

Ⅰ.①如… Ⅱ.①戴… ②陶… Ⅲ.①儿童教育－家庭教育 Ⅳ.① G782

中国版本图书馆 CIP 数据核字（2021）第 177923 号

如何在数字时代养育孩子

RUHE ZAI SHUZI SHIDAI YANGYU HAIZI

责任编辑：方　艳

出　　版：天津出版传媒集团
　　　　　天津科学技术出版社

地　　址：天津市西康路 35 号

邮政编码：300051

电　　话：(022) 23332695

网　　址：www.tjkjcbs.com.cn

发　　行：新华书店经销

印　　刷：河北鹏润印刷有限公司

开本 710×1000　1/16　印张 13.5　字数 170 000
2021 年 12 月第 1 版第 1 次印刷
定价：48.00 元

目 录
CONTENTS

赞　誉 / I
前　言 / III
引　言　不要对孩子放任自流 / V

第一部分　数字时代养育孩子的坚实基础
第一章　开启一场数字之旅 / 002
第二章　社会技能的第一性 / 022

第二部分　数字时代养育孩子的四大关键
第三章　数字声誉 / 048
第四章　屏幕时间 / 068
第五章　人际关系 / 093
第六章　个人隐私 / 121

第三部分　有效使用网络的两大素养
第七章　批判性思维 / 140
第八章　数字领导力 / 158
尾　声 / 173
鸣　谢 / 178

赞 誉

如果你需要在改善你和孩子的数字生活方面获取一些积极实用的建议，那就不用观望了。本书可以消除这些风险和潜在危害，还让我们密切关注网络世界带来的卓越回报。

——斯蒂芬·巴尔卡姆（Stephen Balkam）
国际家庭在线安全协会（Family Online Safety Institute）创始人兼CEO

这不仅是一本及时的书，也是每一位父母、祖父母和老师的必读之书。书中的教育课程（久经验证，非常实用）鼓舞人心，奇闻轶事引人入胜。而且，语言曼妙——阅读本书，你可以像下一代人一样精通网络。

——苏·雪夫（Sue Scheff）
家长万能资源专家协会（Parents' Universal Resource Experts）创始人
《国家耻辱》（Shame Nation）、《谷歌炸弹》（Google Bomb）、
《束手无策》（Wit's End）作者

当我读到戴安娜·格雷伯的《如何在数字时代养育孩子》时，我的脑海中闪现的第一批词汇就是：才华横溢、引人注目、必不可少。戴安娜不仅利用了自己堪称楷模的专业知识，还汇集了数字思想领袖"名人录"，通过

引人入胜的叙事风格，提供了大量务实的建议。这是在数字时代养育孩子的父母必读的一本书。

——艾伦·卡兹曼（Alan Katzman）
社会保证有限责任公司（Social Assurity LLC）创始人兼CEO

每个家长都有责任在数字时代培养有责任心的孩子。数字技术就像"美国西大荒一样无法无天"。戴安娜·格雷伯不仅向父母们展示了如何在这个不断变化的数字世界里建立安全和负责的关系，还为家长们提供了强大的导航工具，以确保孩子安全上网的许多方面。儿童和青少年滥用数字技术和网络暴力的行为每天都在发生，戴安娜·格雷伯的著作《如何在数字时代养育孩子》告诉你，这一点可以改变。这本书集知识性和教育性于一体，有助于确保孩子的安全，并培养其责任心，可谓每个父母必备的育儿圣经。

——罗斯·艾莉斯（Ross Ellis）
"抵制霸凌"网站（STOMP Out Bullying）创始人兼CEO

这部文采飞扬的书为你提供了在数字世界里养育健康孩子的工具。书中的奇闻轶事凸显了当今孩子的深思熟虑及对驾驭自己世界的渴望。事实证明，成年人的恐吓对他们起不了作用。本书结构周密，理论合理，可以激励父母与孩子进行一些迫切需要的对话。

——帕梅拉·路特里奇（Pamela Rutledge）博士
媒体心理学研究中心（Media Psychology Research Center）主任
菲尔丁研究生院（Fielding Graduate University）教授

前 言

你想培养出什么样的孩子？

我在写了 24 本以上的育儿书、采访了来自六大洲的 100 多万名家长之后发现，几乎所有的父母都想要同样的东西：他们希望自己抚养的孩子长大后会成为友好善良的人。

然而，这是一个相当大的挑战，因为我们置身于屏幕使用时间多于线下会面时间、网络沟通常常取代面对面沟通的世界里。幸运的是，在数字世界里养育孩子的秘诀掌握在你们自己手中。

虽然你可能会找到其他相关的育儿书籍，但本书的不同之处在于它的作者。无论从个人层面还是职业角度，我都很了解戴安娜——我们在私下里和职场上都有接触，并分享各自的故事，还互问彼此"孩子们最需要什么"。我可以向大家保证，她是一个值得信赖的权威人士，可以用简单直接的方式回答这个重要的育儿问题。原因如下：

- 戴安娜对这个话题有自己的看法。她从事"数字素养"教育工作近 10 年（坚持的时间之长，实属罕见），她对书中的所有内容都进行了反复检测，并在世界上最好的实验对象（真实的孩子）身上进行了试验。
- 多年来，她利用自己的两个数字素养网站：网络智慧（Cyberwise）和网络公民（Cyber Civics），为成千上万的父母和孩子提供资源并与之互动。

- 她在巡回演讲期间，与美国各地的家长对话，倾听其忧虑和心声。
- 她已经做好了功课，跻身于"媒体心理学与社会变迁"这一新兴而及时的研究领域的首批研究生学位之列。
- 最重要的是，她是一位非常关心孩子的家长。

媒体也熟悉戴安娜的事迹。美国全国广播公司（NBC）《今日秀》（*TODAY Show*）节目参观了她在南加州"旅程学校"的教室，特别报道了她和学生们参与的一些活动——也就是大家将在本书中读到的活动。

戴安娜说，今天养一个孩子就好比盖一所房子。我很喜欢这个比喻。她会告诉大家，首先要有扎实的社会技能基础（比如同理心），然后才能逐步发展。她会提供必要的工具和"建筑计划"。这本书里有大量的操作指南和简易活动，以及来自该领域 40 多位专家访谈的睿智和洞见。

我的建议是什么？阅读本书，把它放在床头柜旁，甚至借给其他父母传阅。但最重要的是，充分应用本书中学到的知识。记住，你的孩子不需要最新的应用程序等小玩意儿；他们需要的是你！你的时间和注意力，以及你将在本书中学到的东西，就是在数字时代养育孩子的秘诀。

——米歇尔·波巴（Michele Borba）博士
国际公认的教育家、演说家
畅销书《温暖的孩子更成功》作者
2018 年 8 月 6 日于棕榈泉

引言　不要对孩子放任自流

> *如果你对孩子放任自流，那么，他们要么无所事事，要么一无是处。*
>
> ——莱昂内尔·施赖弗

九月里一个阳光明媚的星期一的早晨，我站在被当作教室的大礼堂门口，向大约 30 名七年级的学生道别。他们鱼贯而出，迎着南加州（Southern California）的灿烂阳光。那年，那个班有个新生叫维斯（Wes），他是一个瘦小的男孩，长着一双大大的蓝眼睛。道别时，他突然停在我的面前，问了一个问题。

"您为什么要教我们这些东西？"

这句话让我大吃一惊。我认为原因很明显。这是"网络公民"（Cyber Civics）课堂，在整个中学期间（六年级、七年级、八年级），学生们每周一次聚在一起听我讲解数字生活技能，这是安全智慧地使用网络新技术的必备前提。我就是这么告诉他的。

"那不是家长应该做的事情吗？"他反问。

他一下就说中了。我想，从根本上说，这是家长的工作。但我要为全世界的父母（包括我自己）辩护：我们都不是在这样的环境中长大的。我们大多数人还在研究如何安全智慧地使用网络新技术，而且有时做得不是很到位。

因为我们成长在一个完全不同的世界。当我们还是孩子的时候，可以参加一些愚蠢的、尴尬的，甚至是超常规的活动，而不用担心我们的滑稽行为被人偷拍下来并发布到网上。我们的社交网络发生在购物中心或社区街角。同伴的认可并不取决于点赞或好友请求，而是取决于一个实实在在的微笑、点头、大笑或击掌。我们学会了如何看地图和使用电话簿，甚至知道"逆时针方向"是什么意思。我们还可能拥有一台照相机。如果足球或乐队训练提前结束，我们就得耐心地等着家人来接，或者口袋里幸好有一角钱的话，就可以使用便利的投币电话。

在信息获取方面，这个世界与几十年前相比，几乎已经"面目全非"。想当初，我们为学校项目做研究，总是祈祷那部26卷《大英百科全书》（Encyclopedia Britannica）正在书架上等着我们！否则，我们就得去图书馆浏览卡片目录，然后找到并阅读整本书，才能获得所需的信息。

那些日子已经一去不复返了。如今，有了谷歌（Google）和语音助手（Siri）的帮忙，孩子们可以通过口袋里的电子设备获取世界各地图书馆的信息。最神奇的是什么？就是小家伙们甚至不觉得这很神奇。他们为什么会这样？因为还有更神奇的事情——他们可以戴上虚拟现实（VR）设备，"穿越"到另一个世界。

到目前为止，这个世纪充斥着彻底改变童年生活的数字创新产品。在这段时间里，我们这些肩负着抚养孩子重任的人在很大程度上毫无准备。新设备及其用途——短信、网络电话（Skype）、帖子、推特（Twitter）、个人识别码（PIN）、网聊等——常常让我们无心专注于养育孩子的工作。谁不曾无意识地把平板电脑、智能手机、电子阅读器或其他东西递给孩子，让他们得空查看电子邮件或在脸书（Facebook）上发照片呢？谁能责怪父母没有注意到自己的孩子可能会像自己一样对电子设备上瘾呢？比如，他们可能接触到少儿不宜的内容，他们的个人信息可能面临安全风险，他们正在构建"数字声誉"。全新的词汇也让我们摸不着头脑：色情短信、盗版、网络诈骗、空间装扮、表情包、动态图、黑客、色情报复、网络霸凌、小号、数字绑架，等等。我们所有人——包括小孩子们——都在纵情地尝试理解一个全新的世界。

正向引导你的孩子

维斯说得对。家长可以也应该向自己的孩子传授数字生活技能，这本书将向你展示如何做到这一点。但首先，请深呼吸，因为这个网络新时代的弊端和危险——其中很多我只是列出来引起大家的关注——只占网上事件的一小部分。我发誓这是事实。除此之外还应要注意到的是，尽管我们担心数字时代的孩子可能会与危险的陌生人建立联系，或者上传一些会让他们无法被大学录取的照片，但他们看待网络世界的视角却完全不同。2017 年，联合国儿童基金会（United Nations International Children's Emergency Fund，UNICEF）针对 26 个国家的儿童和青少年进行的一项研究发现，这些年轻人对数字技术可能在他们的生活中扮演的角色非常乐观。他们兴奋地期待交流、联系、分享的机会，甚至——打起精神来学习！事实证明，当年轻人聚集在网上时，好事就会发生，而且正在发生。

数字技术的好处

虽然过去 20 年数字时代儿童教育的研究主要集中在数字技术使用的危险性方面，对于父母来说，意识到这一点是严肃而重要的事，但是，网络技术也在孩子成长方面带来一些积极的影响：

- 社交媒体帮助年轻人加强现有的友谊。超过 90% 的青少年表示，他们在使用社交媒体与自己在现实生活中认识的人进行联系。网络游戏玩家也是如此，78% 的游戏玩家表示，玩游戏时，他们会感觉与线下认识的朋友联系更紧密。
- 随时随地可以学习。专家就在我们孩子的身边，许多青少年都加入了在线学习社区，与那些与自己有着共同兴趣和爱好的人建立联系。
- 通过使用社交媒体，青少年与家人的联系更频繁了，加强了家庭纽带和情感联系。

- 互联网为处于危险之中或被边缘化的青少年创造了寻求社会支持、为自己辩护和调查弹性资源的机会。
- 社交媒体让青少年有机会展现最好的自己，大学招生人员也注意到了这一点。35%的大学招生人员表示，他们会在招生过程中查看申请人的社交媒体。大多数人表示，这样做会让申请人受益。
- 年轻人正在创造让世界变得更美好的应用程序。例如，来自加州谢尔曼橡树区（Sherman Oaks）的16女孩娜塔莉·汉普顿（Natalie Hampton）开发了一款名为"坐下来一起吃饭"（Sit With Us）的应用程序，这样孩子们就不用独自吃午餐了。
- 社交网络可以提升青少年的公民参与度。这包括广泛的活动，比如，志愿服务、投票等，以此可以深入了解青少年关注的问题。
- 免费和低成本的数字工具让青少年以多种新的方式表达自己的创造力：他们可以写博客，拍摄和分享照片，制作视频，参与学校项目，等等。
- 世界各地的年轻人可以为重大的文化变革做出贡献。2009年，12岁的巴基斯坦（Pakistani）女孩马拉拉·尤萨夫扎伊（Malala Yousafzai）开始写关于女孩受教育权利的博客。尽管她生活在塔利班政权（Taliban regime）的控制之下，但她无畏的倡导赢得了全世界的钦佩，并为她赢得了2014年的诺贝尔和平奖（Nobel Peace Prize）。

虽然所有这些都是好消息，但也有美中不足之处。当你把联网设备递给孩子时，像这样积极的在线体验不会自发地从天而降。我们需要花费时间和精力，才能把一个走路还没学利索就抱着平板电脑，指尖熟练地在屏幕上滑动的"屏奴"，变成一个安全合理、合乎道德、富有成效地使用数字技术的青少年。作为父母，我们有责任帮助小家伙们将风险降到最低，并最大限度地利用数字技术带来的好处。

迄今为止，人们在教孩子们数字技术知识的时候，教育的重点是警告他们可能发生的负面体验，而不是让他们为可能发生的正面体验做好准备。联合国儿童基金会发现："目前可供儿童使用的课程几乎完全集中在风险和保护方面，这潜在地削弱了他们想象和表达数字媒体给他们带来益处的能力。"现在是时候把我们的恐惧放在一边，开始激励年轻人充分利用数字技术的潜能了。

好在我们有可能教会孩子如何最大限度地利用数字技术带来的好处，这是与他们交流的一种愉快且有价值的方式。在接下来的几页中，你将会了解到成年人能够也必须做些什么来帮助小孩子与电子设备建立一种安全、健康、有效的关系。

伴随网络而生的新一代

没有手机我活不下去。

——八年级学生

如今，在成长过程中，孩子们花在屏幕前——智能手机、电脑、平板电脑等——的时间比他们在学校、和家人在一起的时间还要多，有时甚至比睡觉的时间还要多。非营利性组织"常识媒体"（Common Sense Media）进行的一项研究发现，美国青少年每天都要花大约 9 个小时的时间在网络上。对于 8~12 岁的青少年来说，每天花在网络上的时间大约是 6 个小时。这还不包括孩子们在学校或学校作业中花在屏幕上的时间。我问常识媒体的教育项目高级主管凯莉·门多萨（Kelly Mendoza），她是否认为这些数字很吓人。"这些数字吓人的原因是一心多用，"她说道，"一个孩子可能会想：'嘿，我在做作业'，但实际上他是在玩社交媒体或听音乐。这就是为什么这些数字大到如此让人震惊。"

如果你暂时离开屏幕，抬头看一会儿，就会发现到处都是孩子（走到哪里都要带手机），他们要么低头盯着手机看，要么忙着翻看下一条短信。发短信是青少年之间最常见、最频繁的交流方式，88%的青少年至少偶尔给朋友发短信，超过半数的青少年每天都发短信。

很难相信，美国人20年前就开始短信互动了。我想起了一个惊人的事实：1999年，威瑞森电信公司（Verizon）的信息主管杰克·麦克特尼（Jack McArtney）向美国市场推出了短消息服务（SMS），也就是俗称的"短信服务"。他当时说笑道："如果你是一位家长，我很抱歉。如果你是一个孩子，热烈欢迎。"

青少年喜欢发短信是非常自然而然的事情。如今的青少年平均每个月要处理3700条短信，这还不包括"快拍网"（Snapchat，一款照片分享应用）等应用程序中孩子们之间的私人聊天。我问麦克特尼，他有没有设想过，短信会在年轻人中如此流行。"没有，"他答道，"真正让我震惊的是，每个人——老幼都一样——花了那么多时间低着头，笨拙地看着小屏幕，不与他人互动。这根本不是我们所期望的结果。"

但是，如果你停下来想一想我们的手机今天能做的一切——上网、拍照、听音乐、玩游戏、报时、指路、点餐——最重要的是，提供无与伦比的社交联系——你就不会震惊不已啦。这些小需求很快就迎来了"智能手机"的诞生。

"所有这些小功能以一种谁也无法预料的方式结合在一起，"麦克特尼感叹道，"任何人，尤其是小孩，怎么能抗拒智能手机所提供的一切呢？"

答案是，他们不能。

智能手机改变了童年

心理学家兼作家吉恩·特温格（Jean Twenge）博士是一位研究"世代趋势"（generational trends）的学者，她在广泛研究的基础上撰写了三本书和许多科学论文。她出版过一本《i世代：为什么离了网络就不行的孩子们成长得更顺从、更宽容、更不快乐——而且完全没有为成年做好准备》（*iGen：Why Today's Super-Connected Kids Are Growing Up Less Rebellious, More Tolerant,*

Less Happy—and Completely Unprepared for Adulthood》，书中仔细研究了被她称为"i世代"的这一代人，他们出生于1995~2012年，是第一批随身携带智能手机进入青春期的孩子。她断言，这些"i世代"儿童——不仅包括她自己的两个孩子，还包括她教的那些孩子——正处于几十年来最严重的精神健康危机的边缘。原因是什么？你们猜对了：他们的智能手机。

2017年末，特温格为《大西洋月刊》（The Atlantic）撰写了一篇文章，标题颇具挑衅性：《智能手机摧毁了一代人吗？》其中，她总结了自己的发现，写道："智能手机的到来从根本上改变了青少年生活的方方面面——从他们社交的本质，到他们的心理健康。"

当她的文章发表时，我正忙着走访美国各地的学校和家长团体，谈论孩子、数字技术以及数字素养教育的重要性。几乎我去过的每一个地方，父母们都读过或听说过特温格的研究结果，并渴望与我讨论这些问题。尽管许多人由衷地同意，智能手机是每个青少年问题的罪魁祸首（抑郁、焦虑和睡眠不足，仅仅是开始），其他人则认为，特温格的断言（例如，智能手机和社交媒体的双重崛起引发了一场我们很长一段时间都没有见过的"大地震"）言过其实，危言耸听。但无论父母们站在哪一个阵营，他们都有一个共同的担忧：我们该怎么办？

你瞧，大家都明白，"放出魔瓶的妖怪再也无法收回了"。孩子们太爱他们的屏幕了，而且我们对之也爱不释手。此外，很明显，他们上学和工作也需要智能手机。因此，除了了解智能设备如何重塑童年很重要，我们也必须让青少年为成年做好准备，成年后不可避免地会碰到智能设备或任何随后出现的数字技术。

你的孩子准备好了吗

什么时候给孩子最梦寐以求的礼物——她的第一部智能手机（或任何互联

网设备）——是父母必须做出的最大决定之一。记住，"互联网设备"指的是任何能连接到网络的小工具。除了智能手机，还包括平板电脑、电脑、游戏机、电子阅读器、智能手表，甚至还有蓝牙玩具和助手，所有这些都能让你的孩子随时与世界上所有的人和信息联系起来。他们在互联网设备上的任何失误都可能被永久记录下来，让全世界都看到。这是一项沉重的责任，没有指导，孩子们毫无准备。

每当家长们问我："应该在孩子几岁的时候让他们接触互联网设备呢？"我用我自己的问题来反驳他们的问题。准确地说，我认为每个家长都应该先回答以下7个问题，然后再考虑他们的孩子是否准备好迎接互联网设备：

- 你的孩子是否已经掌握了合理使用数字技术所必需的社交和情感技能？他们学会了如何表达同情、善良、尊重和礼貌吗？这些都是会随着时间的推移而不断变化，而且是在网络世界需求量很大的能力素养，如果孩子们都具备这些能力，则有利于促成家长们梦寐以求的更安全友好的网络环境。

- 你的孩子知道如何管理他们的数字声誉吗？越来越多的大学和招聘者（以及其他部门）希望通过互联网了解我们的孩子。所以，你知道吗？他们发布的每件事，以及其他人发布的关于他们的每件事，都充分说明了他们的性格，有助于提高他们在网上的声誉。

- 你的孩子知道如何"见好就收"吗？根据青少年自己的说法，他们觉得自己对电子设备"上瘾了"。你是否为孩子们准备好了策略（和理由），让他们时不时地脱离虚拟世界，融入现实生活？

- 你的孩子知道如何建立和维持安全健康的关系吗？他们能保护自己免受网络霸凌、网络诈骗、色情短信、性勒索和其他网络危险吗？如果他们在网上遇到危险或不健康的关系（将来也可能会遇到），他们知道该怎么办吗？

- 你的孩子知道如何保护自己的隐私和个人信息吗？在注册新账号并与朋友分享的兴奋中，许多孩子不知不觉地泄露了太多的个人信息，尤其是那些年纪太小，还不知道如何更好地使用社交媒体的孩子。（在10~12岁的儿童中，有3/4的人拥有社交媒体账号，尽管这一比例低于最低年龄要求。）

- 你的孩子知道如何批判性地思考他们在网上找到的信息吗？他们能够评估网络信息的准确性、权威性、时效性和倾向性吗？因为他们不知道怎么做，所以容易受到错误信息、"虚假新闻"等的伤害。

- 你的孩子是否具备成为"数字领袖"的能力？他们知道如何成为挺身而出者吗？互联网迫切需要孩子们勇敢地面对霸凌，创造鼓舞人心的内容，制作感人的视频，分享振奋人心的故事，并发明网络新技术来改善我们的世界。你的孩子准备好让他们的数字世界更加美好安全了吗？

如果你的答案是否定的，那么，你的孩子还没有准备好承担拥有一个互联网设备的巨大责任。风险太高了。然而，你可以教他们所有这些生活技能——不管你个人对数字技术了解多少。但要预先警告一下：这些技能不是一蹴而就的。教会孩子如何管理而不是避免数字世界的复杂性，需要时间和耐心。

我花了一段时间才为自己和孩子弄明白这一点。在此期间，我也做了很多的尝试，也犯一些错误（对不起，我的女儿们）。我希望，我在分享了自己近20年的育儿经验之后，你们的育儿旅程会更顺利。

相约"旅程学校"

2000年9月，一个凉爽的秋日早晨，我牵着近5岁女儿的手，一起走近了一间幼儿园教室，印象中，那间教室是小巧的便携式结构。像许多第一次送孩子上学的母亲一样，我很紧张。但我的紧张与女儿第一天上幼儿园关系不大，更多的是与我们选择送她上的学校有关。环顾一下教堂和成人教育机构之间塞得满满的六台破旧的电子设备，我开始临阵退缩了。

我们的女儿是 90 名进入加州奥兰治县（Orange County）第一所由家长发起的公立特许学校的学生之一。这所学校名为旅程学校（Journey School），是凯匹斯多诺联合学区（Capistrano Unified School District，CUSD）的第一所特许学校。CUSD 是加州第八大学区，拥有 40 所加州名校和 11 所国家蓝带学校（National Blue Ribbon Schools）。CUSD 过去是——现在仍然是——加州业绩最好的学区之一，毕业率为 97.1%，远远高于加州 85.1% 的平均水平。每一所 CUSD 高中都被《美国新闻与世界报道》（*U.S. News & World Report*）列为美国前 1000 所高中。学校干净、安全，受到了良好的评价。如果合乎逻辑的话，我们应该决定把她送到其中一所这么好的学校去——毕竟，"特许学校"在当时还是一个相对不为人知、未经证实的概念。1992 年的立法刚刚批准了特许学校法案，加州是继明尼苏达州（Minnesota）之后第二个颁布特许学校法案的州。届时，只有 1.7% 的美国公立学校是特许学校。

另一方面，作为一所特许学校，旅程学校也偏离了传统的教育道路，成了一所"华德福（Waldorf）学校"。我和丈夫对华德福学校所知不多，完全是从我们在《大西洋月刊》上偶然发现的一篇文章《培养想象力》（*Schooling the Imagination*）中获得的。该文章的作者托德·奥本海默（Todd Oppenheimer）热情洋溢地描述了那些敬畏童年并致力于鼓励孩子玩耍、培养孩子想象力的学校。他写道：

"想象是学习的核心"这种理念使华德福学校的整个教学过程充满活力。为了培养青少年的道德感，当这种理念与学校的其他基本目标相结合时，结果会形成与今天的教育体系更加不同的一种教育学科，它越来越强调数学、科学和阅读等学科的国家成绩标准，并在标准化测试中越来越严格，因此，它坚决抵制在教室里塞满电脑的行动。

接着，奥本海默描述了华德福学校如何在教室里摆满手工制作的自然物品，并鼓励孩子们在屏幕前与这些物品及彼此互动。这听起来很神奇，我们很容易就信服了。当时我们不知道的是，华德福学校在互联网行业工作的家长中有多受欢迎，而且这种情况还将持续下去，尤其是，这些学校认为，等孩子长大一点再使用数字技术也不迟。

禁止媒体的学校

女儿进入旅程学校之后不久，我们参加了学校的家长培训，学校发给我们一些表格，让我们阅读、签名，然后交给校长。其中之一就是学校的媒体合同：

媒体合同

如你所知，旅程学校的理念包括从周日晚上到周五上午的一周时间里禁止任何电子设备，包括收音机、CD、磁带、卡拉OK、电子玩具、视频和电视。我们想要做的是，让孩子们感受到人类声音的温暖，而不是沉浸在电子传输的声音中。

在签署这份协议之前，我和丈夫互相对视了一眼。当时，我们正在为户外生活频道制作一部名为《边缘》（*To the Edge*）的电视连续剧。这些电视节目描述了职业运动员在悬崖峭壁、巨浪和激流中进行的各种危险壮举。节目的成功（这是我们的生计）依赖于人们待在家里看电视，而不是自己出去参加这些活动。是的，我们签署这份媒体合同有点虚伪。但是，这个想法很有吸引力——在没有电视噪音或干扰的日常生活中养育孩子。我们喜欢在餐桌上交谈，喜欢有时间做手工、玩游戏和烤饼干。我们想象着培养出的孩子能够与他人进行有趣的对话和眼神交流。出于这种考虑，我们在合同上签了名。

数字时代的到来

回忆过去的时光，我常常在想，如果当时有数字媒体，我们是否会欣然同意限制我们的媒体消费。但 2000 年的媒体环境完全不同：

- 全世界只有 3.61 亿互联网用户。从长远来看，这仅仅是脸书今天规模的 2/3。
- 谷歌只有两岁。
- 朋友网（Friendster）和聚友网（MySpace）（还记得吗？）还没创立，更不用说倒闭了。
- 脸书、领英（LinkedIn）、维基百科（Wikipedia）、YouTube 视频、推特网（Twitter）、网络相册（Flickr）和照片墙（Instagram，简称 Ins）都不存在。
- "快拍网"创始人埃文·斯皮格尔（Evan Spiegel）当时只有 10 岁。
- 当时没有苹果音乐播放器（iPod）、苹果音乐软件（iTunes）或苹果手机（iPhone）。离第一台苹果平板电脑（iPad）诞生还有整整 10 年的时间。

我们唯一需要担心的媒体曝光工具是电视。甚至这也没什么大不了的。我们把电视机放到了楼上的办公室里，它无法吸引我们的注意，我们继续过着日子。

但后来，一切都变了。

当我们的大女儿和比她小 3 岁的妹妹进入中学时，"非数字世界"的简单性开始逐渐消失在遥远的记忆中。媒体不再仅仅是电视，更多的是数字化、社会化和移动化的工具。孩子们很喜欢，但家长们还没有准备好，包括我。

媒体心理学与社会变迁

2006 年，当我无意识地浏览电子邮件时（这已经开始消耗我一天中太多的时间），一些东西引起了我的注意。来自母校的一封邮件宣布了一个全新的研究领域：媒体心理学与社会变迁。加州大学洛杉矶分校提供了4门衔接课程，将通过菲尔丁研究生院获得硕士学位。我认为这是理解媒体转型的好方法，同时，也有助于我帮助孩子驾驭一个新的数字世界。于是，我报名了，在接下来的4年里，我潜心研究媒体对人类行为的影响。

在我读研期间，数字技术似乎每周都在进步。苹果手机于2007年问世，随后不久苹果公司又推出了苹果平板电脑。2010年，恺撒家庭基金会（Kaiser Family Foundation）报告称，年轻人花在娱乐媒体上的时间大幅增加。他们发现，8~18岁的孩子平均每天花在娱乐媒体上的时间为7小时38分钟（每周超过53小时）。而且，年轻人花在媒体多任务处理（同时使用多个设备）上的时间太多，7小时就可以打包处理10小时45分钟的媒体内容。

我想："天哪，媒体娱乐太多了！"孩子们花在媒体上的时间比花在其他任何事情上的时间都要多——多于上学时间、运动时间、与家人相处时间，有时甚至超过了睡觉时间。我想知道，他们是如何驾驭这些新变化的呢？

但我很快发现情况，实际情况不太乐观。

网络上的"恶作剧"

尽管我们与学校签订了媒体合同，但新的数字技术也正在介入旅程学校孩子们的生活。2010年，我的大女儿上八年级时，这所学校发生了第一起社交媒体"事件"。

那时，脸书风靡一时（注意：那是在Ins或快拍网出现之前），年轻人用脸书发布照片，并交流生活中的日常事件。有一年，一个名叫艾瑞尔（Arial）的新生加入了我女儿的班级，并给她的同学（包括我的女儿）介绍了这个社交媒体平台。艾瑞尔是一个活跃的脸书用户。她每天都上传自己和一小群闺蜜的照片，她仔细挑选每一张照片，确保自己看起来很完美（发型漂亮、笑容迷人，等等）。不幸的是，她没有同样在乎闺蜜们的造型。在同一张照片中，通常其他女生的面部表情滑稽，头发凌乱，甚至更糟。闺蜜们很快就意识到了这一点。我从我女儿那里听说了这件事，她觉得这事儿挺有趣。但另一个叫瑞斯（Reece）的女孩却觉得一点儿也不好玩。

瑞斯是一名视频博主。她用视频博客记录自己每天的活动，有点像在线公开的虚拟日记。在其中一个视频博客中，她抱怨了艾瑞尔发布在脸书上的帖子，说她感觉背后被人捅了一刀。她甚至反复做着"被捅"的手势。家长们听说了这个视频，甚至那些没有看到的人也听说了这个"被捅"的视频，并认为这种想法让人苦恼。不久，家长们向学校报告了这起"网络霸凌"事件，瑞斯也被叫到了校长办公室里。

让我们在这里停一下。撇开父母的过度反应不谈，发生的只是一件小事，尤其是以今天的标准来看，就是小菜一碟。这是正常的青少年行为，之所以看起来有些异样，只是因为它发生在新的环境中。脸书小用户艾瑞尔正在尝试一种令人兴奋的新工具，可能没有成年人的指导。此外，当今的青少年试图弄清楚自己是谁，以及如何向世界描绘自己，所以，艾瑞尔正在"构建自我身份"。然而，视频博主瑞斯在学习使用新工具，录制和上传视频，也不需要成年人的指导。这些都是很棒的新媒体技能！瑞斯还表达了强烈的意见和想法，这也是正常的青少年行为。这些女孩所做的一切都没有错，甚至还挺好，但这种数字技术的首次使用扰乱了我们的学校，让新任校长沙赫尔·法塔斯（Shaheer Faltas）措手不及。

"因为这是一个新的领域，"几年后，法塔斯告诉我，"恐惧来自方方面面——家长、教师，甚至学生。我在旅程学校只待了几个月，突然间，我面临着一个巨大的问题，以及许多疑问。什么是网络霸凌？这是家长的问题还是学校的问题？为什么学生们要使用脸书呢？最重要的是：我们该怎么做才能避免这种情况或更糟糕的事件再次发生？这些都是我们尚未回答的问题。"

当这个事件发生时，我刚完成学业。菲尔丁研究生院的教授帕梅拉·路特里奇（Pamela Rutledge）博士曾是我的导师，后来成了我的好朋友。她鼓励我在《媒体素养教育杂志》（*Journal of Media Literacy Education*）上发表我的最后一篇论文。我的文章《新媒体素养教育（NMLE）的发展方向》（*New Media Literacy Education：A Developmental Approach*）问世的时候，这出"网络戏剧"正在我女儿的朋友中间上演。这篇论文阐明了孩子们成为优秀的网络公民所必需学会的道德、伦理和社会准则。很明显，我女儿们的学校需要这样的教育，我很兴奋。

主动应对网络事件

法塔斯试图为学校第一起网络事件找到正确的行进方向，一周以来，他目睹了一个接一个哭闹的学生、愤怒的家长和困惑的老师。于是，我问他，我可不可以给我六年级小女儿的班级上课，教授"数字公民资格"（digital citizenship）知识。我向他保证（内心里切实希望我能做到），课后他的工作中不会再遭遇此类事件的困扰了。他考虑了3秒钟左右，问我"什么时候可以开始讲课"。

"当时我不知道什么是数字公民资格，"法塔斯回忆道，"但我知道，决不能选择无所作为。很明显，与数字媒体相关的问题肯定会再次出现，我们需要积极主动，而不是被动应对。我知道我需要帮助。"

"网络公民"课堂

法塔斯让我把每周一次的公民学课变成了"网络公民"课堂，从那以后，我就一直教中学生这门课。如今，"网络公民"课堂已经3岁了，这是每周一次的系列活动，涵盖了数字素养的所有领域——数字公民资格（安全可靠地使用数字工具）、信息素养（如何发现、检索、分析和使用在线信息）、积极参与媒体素养（使用批判性思维分析媒体信息，包括"虚假新闻"）。法塔斯鼓励我把所有课程都放到网上，以便其他学校也可以使用。在我撰写本书时，美国40多个州（以及其他4个国家）的学校都在向学生教授"网络公民"课堂，而且，这项活动还在继续发展。等到本书出版后，希望其中一些"网络公民活动"也能进入千家万户。

数字时代的公民学

公民学是研究公民身份的学科，在今天有着全新的意义。我们生活在这样一个时代——我们是某个国家、州、城镇的公民，也是网络世界的公民。公民大学（Citizen University）创始人、美国阿斯彭研究所（Aspen Institute）公民身份项目的执行主任埃里克·刘（Eric Lui），在一次引人入胜的TED演讲中，将公民学描述为"在自我管理型社区中'亲社会'（pro-social）和解决问题的艺术"。

我喜欢这个定义，我想不出有哪个社区比在线社区更擅长"自我管理"了。你们可以想出来吗？想想社交媒体社区，年轻人在那里闲逛，分享信息，花大量的时间摆弄快拍网、照片墙、YouTube视频，等等。这些社区里基本上没有家长、网络警察、交警，甚至没有让用户保持秩序或安全的规则。在这样的地方，孩子们只能自己决定如何成为一个好公民。

埃里克引用了微软创始人比尔·盖茨（Bill Gates）的父亲老比尔·盖茨的话，公民"只是在生活中出现"。我也喜欢这样的描述，尤其是埃里克先生演讲词中囊括的三件事：

- 建立价值观。
- 理解让世界运转的系统。
- 学习一套技能去追求目标，并让别人参与进来。

这是我希望通过"网络公民"课堂来完成的三件事。我认为，只要引导孩子们围绕一些与数字技术相关的话题进行一系列的讨论和活动，假以时日，我们就能实现这些目标。应用这种全面的"数字素养"方法（鉴于今天孩子们的上网时间太多，这可能是他们最需要的技能）达到了一个重要的目的，它赋予孩子们自我保护的超能力，让他们在线上和线下都超级活跃。

"数字素养"不仅仅是数字技术知识。它还包括根植于工作、学习、休闲和日常生活中的各种道德规范、社会实践和反思性实践。

网络素养教育的必要性

令我欣慰的是，在旅程学校开设"网络公民"课堂的几年内，我兑现了对法塔斯的承诺。他告诉我，他的办公室很少遇到网络纠纷了，"这在21世纪的学校里是很少见的"。除此之外，旅程学校中学生的标准化考试成绩也在上升，尽管有人警告说，为"网络公民"课程牺牲宝贵的学习时间是一种风险。2015年，《地方行政杂志》（*District Administration Magazine*）上一篇针对法塔斯的采访稿上写道："在开设'网络公民'课堂的头两年，该校学生的平均成绩从766分升至878分——达到该校历史上的最高分。"文中还提到："自2011年以来，该校曾报道过3起不良网络行为或网络霸凌事件，而在过去两年中，类似的不良事件一次都没有发生过。"

他说："不开设'网络公民'课堂，就是在拿孩子冒险。"

孩子不可或缺的课程

本书诞生的原因是：教孩子做个安全周到且合乎道德的数字技术使用者，这不一定——也不可能——只发生在教室里。父母和看护人也可以在家里对孩子进行网络教育。这有点像盖房子，你必须先打好坚实的"基础"，然后再帮助孩子建立一个安全的"结构"。接下来，他们就可以享受与更大社区互动的好处了。

你会发现本书就是这样的"结构"：

- 第一部分：坚实的基础。你的孩子的"网上房子"必须建在坚实的基础之上。这部分内容会告诉你，该从哪里开始构建房子。孩子尚小的时候，你培养他们的技能，日后一定会派上用场。
- 第二部分：坚固的结构。下一步是帮助你的孩子建立一个坚固的结构，由四根坚固的柱子组成，能够承受任何潜在的风暴。它将和你们为之付出的努力一样持久和安全。
- 第三部分：生机勃勃的网络环境。这一部分很有趣。有了坚实的基础和坚固的结构，第三部分将向你展示如何帮助你的孩子（带着自信和批判的眼光）在网上与新的朋友和机会建立联系。他们的目标是利用数字技术来学习、激励、获得灵感，并与世界分享他们独特的才能。

为了帮助大家完成这个"建筑计划"，本书提供了大人和孩子一起做的活动，叫作"'网络公民'课堂活动"。这些活动将帮助你的孩子和你的家庭，与数字技术建立一种安全、快乐、健康的关系。

该从哪里开始呢？起初，我也一样茫然。

"网络公民"课堂活动

每年秋天，我都会迎接一批新的六年级学生，他们渴望上我们的网络公民课。毕竟，他们知道，在这门课上，他们将谈论已经消耗了他们大量兴趣和时间的事情：数字技术。第一天的开场白，我问了一个简单的问题：当你想到技术时，脑海中浮现的是什么？学生们热情地报出了他们喜欢的所有网络设备——智能手机、平板电脑、游戏机、电脑、笔记本电脑、智能手表，等等。他们很少提到计算机诞生之前发明的任何技术。

其实，技术和人类一样古老，其中许多技术极大地改变了当时的社会，并引起了人们的担忧。比如，手写笔。当这种书写工具被发明出来时，许多人担心它将标志着口述历史的终结。伟大的哲学家苏格拉底（Socrates）警告说，这将"在学习者的灵魂中产生健忘,因为他们不必使用自己的记忆功能"。

几个世纪后,另一项新发明——印刷机——也引起了类似的轰动。突然之间,大量的信息可以快速、廉价地共享,一些人对此感到不安。受人尊敬的瑞士科学家康拉德·盖斯纳(Conrad Gessner)甚至担心,大量的信息会令人困惑,对大脑有害。

尽管促成阅读和写作的技术革新遇到了质疑、抗拒和恐惧,但最终,人类习惯了写作和阅读。当学生们听到这些故事时,他们很容易联想到当今的数字新技术。他们说,他们的父母也不是那么痴迷于智能手机。

帮助孩子们理解数字技术的社会影响,这是一个重要的起点。在我向家长推荐的一本很棒的书——《数字社区,网络公民》(*Digital Community, Digital Citizen*)中,作者杰森·奥勒(Jason Ohler)建议,要激励学生客观看待新事物(参见下文)。奥勒是阿拉斯加大学(University of Alaska)数字技术和虚拟学习专业的名誉教授,也是菲尔丁大学(Fielding University)媒体心理学博士项目的教授。奥勒曾是多伦多大学的学生,师从著名的媒体理论家马歇尔·麦克卢汉(Marshall McLuhan)。麦克卢汉有一句名言——"媒体就是信息。"奥勒记得,麦克卢汉解释了历史上的每一项新技术如何将人类彼此"连接"和"断开"的方式。虽然每一次"连接"都让新工具变得令人兴奋(比如电话,可以让用户与远方的家人和朋友交谈),但每一次"断开"都是我们一开始担心或无法辨别的事情(电话也取代了面对面的交流)。我记得,我的父母因为我们煲电话粥而很生气,他们不喜欢我和兄弟姐妹在吃饭或应该帮忙做家务时和朋友聊天。像今天的父母一样,他们认为,数字技术正在把自己的孩子和重要的事情"断开"。

奥勒设计的活动,我已经组织过好几百次了,参与者有大人,也有小孩。虽然和孩子们在一起总是很有趣,但这种课堂对成年人也有帮助——尤其是那些最厌恶数字技术的人。即使你不讨厌数字技术,也请花点时间和你的孩子做下面的活动。

客观看待新事物

你和你的孩子可以使用以下步骤来调查数字技术在历史上的影响：

1. 想想历史上引入的三种新技术或工具——铅笔、弓箭、微波炉、收音机、电话、汽车等。

2. 和你的孩子们一起，想想这些新技术或工具是如何改变社会的——好坏都要说。更具体地说，你们要讨论每个工具如何将人们彼此"连接"和"断开"的。举个例子，当我提出"使用弓和箭作为工具"的问题时，学生们得出了以下结论。一方面，弓和箭将人们彼此"连接"，因为他们轻而易举地获取了更多的食物，可以一起做饭和吃饭。（还有一个学生说，当丘比特射出一支箭的时候，爱情"连接"就开始了！）另一方面，弓和箭将人们彼此"断开"，因为他们可以独自狩猎，不再需要成群结队地捕捉和杀死大型动物了。此外，作为武器，弓和箭也可以单独使用，这是"巨大的断开"。

3. 最后，讨论一下，当今的数字技术——特别是智能手机——将用户彼此连接又互相断开。诚实地讨论一下这种新工具的优缺点吧。

那些没有手机的日子

这似乎是一个荒谬的问题。今天的大多数孩子都不会记得没有手机或联网设备的世界，而你却能记得。所以，鼓励他们利用"侦探"技能去探索一下，过去的你们在没有这种貌似不可或缺的工具的情况下是如何生存下来的。

当我和学生们一起做探讨的时候，他们喜欢分享自己的调查结果。他们惊奇地发现，他们的父母小时候在口袋里装了零钱，以便打付费电话，或者，放学后和朋友一起玩耍——不需要社交媒体。有些学生会带着收藏在家里的翻盖手机，甚至"砖头手机"来上课，同学们看到这些"文物"很兴奋，那神情就像是他们在校园里挖到了一块恐龙骨头。

"家庭访谈"现在开始

1. 让你的孩子采访你（或祖父母或年长的亲戚），看看你们在使用手机之前的生活是什么样子。一定要回答这些问题：

- 没有它，你过得怎么样？
- 你有老式的手机吗？如果有，它是什么样子的？
- 你认为，手机让你的生活变得更好还是更糟？

2. 和你的孩子谈谈你一生中目睹的所有数字创新，以及它们如何改变了你的生活，不管是好的结果还是坏的结果，都可以说一下。

"公民资格"的新定义

今天的每个孩子都会用各种各样的新方式与他人联系，他们就是"你可能知道也可能不知道"的网络社区"公民"。理解如何在线下成为良好的社会成员，这是相当容易的事。随着时间的推移而建立的规则、法律和规范支配着现实世界，但网上的情况并非如此。许多在线团体缺乏规则、法律和规范，即便有，也晦涩难懂，有时让孩子们困惑不解（比如，大多数游戏或社交媒体网站的使用条款中隐藏的年龄限制）。此外，谁会在乎网络规则被打破呢？

这就是为什么很有必要向年轻人介绍"公民资格"的五个主题。告诉他们，每一个线上和线下的好公民都应该表现出以下特点：

- 诚实。即真实公正。好公民必须对他人和自己诚实。
- 同情。即关爱他人，尊重生命。同情心让公民与世界建立起情感纽带。
- 尊重。即关心或体谅他人，甚至关心无生命的事物或想法。好公民应该尊重法律，敬畏一切有生命的东西。
- 责任。公民应该认识到，自己的行为会对他人产生积极或消极的影响。
- 勇气。即使不受欢迎、有困难或危险，也要做正确的事情。纵观历史，包括马丁·路德·金（Martin Luther King）、苏珊·安东尼（Susan B.

Anthony）和圣雄甘地（Mahatma Gandhi）在内的许多人都表现出了极大的勇气。

许多孩子从来没有想到这些"公民守则"应该适用于网络，这太糟糕了，因为"公民守则"将有助于互联网更安全、友好。就像踢一场没有规则或没有裁判的足球比赛对任何人都没有乐趣一样，一个缺乏基本规则或守则的网络世界最终也会让几乎所有人都感到沮丧。

许多好孩子认为，他们在网上的表现和在现实生活中完全不同。举个例子：如果我在你家问你9岁的女儿，她多大了，我很可能会得到真相。这可能是因为你的孩子知道诚实和尊重是她的责任。这是人们在现实生活中的行为方式，是你和其他成年人一直称颂的，也是大多数孩子已经学会的东西。

想想网络上的相同场景。假设你的孩子想在脸书上开个账户。也许他"所有的朋友"都有脸书账户，他也想注册一个。和大多数社交媒体网站一样，脸书要求用户至少年满13岁，而所有年幼的孩子只需要输入一个假的出生日期，马上就能注册成功。大多数人不会太在意，他们忽视了公民资格的第一个主题——诚实。如果每有一个学生告诉我"没人在意你是否在网上谎报了年龄"，我都能挣一角钱的话，现在我都有钱到可以买得起加勒比岛了。但我在意这个问题，毫不客气地说，你们也都在意吧。我认为，诚实（或同情、尊重、责任和勇气）是任何人都不愿抛弃的原则。

这种互动可以帮助你的孩子发现如何成为网络好公民，就像你期望他们在现实世界里的表现一样。请做下面的事情：

1. 向你的孩子解释上述公民守则。告诉他们，在现实世界中，这些品质通常都是好公民应该具备的，是随着时间的推移而建立的文明准则。

2. 和你的孩子谈谈他们所属的现实团体：运动队、教室、城市、国家，甚至是家庭。问问他们，如何在这些团体中体现公民守则。务必讨论一下，如果在现实中不遵循这些守则，会发生什么。

3. 和你的孩子谈谈他们或你所属的网络团体。比如，社交媒体网络或游戏社区。问问他们，如何在这些社区中体现公民守则。务必讨论一下，如果在网络上不遵循这些守则，会发生什么。

每年我都会让学生们写一句话或画一幅图，描述每个公民特征在他们所属的现实社区中是如何体现的。去年，六年级学生布莱克·赫斯特（Blake Hirst）冲进教室，手里挥舞着他写的整篇文章，渴望与全班分享。下面就是他写的内容：

我被告知，我必须做一个报告，主题是：我所属的团体如何体现公民守则，于是，我选择了这样的课堂报告。希望你们喜欢！

- 诚实：假设有两张不同的数学测验试卷，上面没有名字。一张成绩好，一张成绩差，成绩差的那张是你的。你的老师问你哪张是你的。你会不会说成绩好的那张是你的呢？如果承认分数低的那张是你的，这就是诚实。

- 同情：这意味着，你会在别人需要的时候伸出援助之手。有时候，我们出于同情心在校园里做一些好事，比如，打扫卫生或写信赞美老师。这就是对"什么是同情"的一个小小的诠释。

- 尊重：尊重是每个人都应该拥有的价值观。例如，尊重，就是不要在课堂上不合时宜地说话，或者，当一个人不在的时候，不要说他的坏话。我认为世界上的每一个人都将受益于彼此更多的尊重。

- 责任：假设在学校，你上课迟到了，这是你的错，因为你在外面打篮球耽搁了。这是不负责任的行为，对吗？责任意味着，当铃声响起时，你会收起篮球，回到教室。

- 勇气：假设你在学校，有人欺负你的朋友或者是不受欢迎的人，而你为他们挺身而出。这是勇气的一个例子。即使是被人取笑，也要有勇气做自己该做的事。勇气是公民应该拥有的最重要的品质之一。

以上就是我的公民资格报告，我希望大家可以从中吸取教训，并获得乐趣。

— 第一部分 —

数字时代养育孩子的坚实基础

第一章 开启一场数字之旅

> 也许我们最需要的就是这样一个应用程序——它能提醒父母把自己的手机留在家里,与孩子们进行面对面的交流。
>
> ——玛丽·艾肯《网络效应》(Mary Aiken, *The Cyber Effect*)

当一个新生儿出生时,可能会有一部智能手机在产房里拍下小家伙的第一张照片。这张照片可能会出现在脸书或照片墙上,或者通过短信发送给叔叔、阿姨或祖父母,他们可能会在自己的社交网络上分享这张照片。于是,这个小婴儿从此成了网络上的一位公民。

帮助这位小公民建立一个坚实的基础,以抵御数字时代变幻莫测的"气候"和"流沙",这项工作很早就开始了。有很多家庭和朋友正在构建儿童的数字生活,儿童在越来越小的年龄就可以肆无忌惮地使用移动设备。在美国,几乎所有(98%)8岁及更小的儿童都住在配置了移动设备的家中,近一半(42%)的儿童拥有自己的平板电脑。21世纪10年代出生的儿童,他们的移动设备使用量增加了两倍——从每天5分钟到48分钟不等——他们1/3的屏幕使用时间都花在了移动设备上。更令人吃惊的是,44%的1岁以下儿童每天都使用移动设备。到两岁时,这一比例跃升到了77%。

到处都能看到这方面的证据——在汽车、餐馆和其他公共场所,满是小脑袋俯在智能手机或平板电脑的发光屏幕上的小孩子。这种姿势甚至还有一个名字。

脊椎按摩师迪恩·菲什曼（Dean Fishman）在2008年为一名抱怨头痛和颈椎疼的小患者做检查时创造了"短信脖"（text neck）一词。"短信脖"是低头看移动设备的结果。头部的引力（重量可达10~12磅[①]，并会对颈部造成压力）会导致脊柱曲线的逐渐丧失。

我经常看到有"短信脖"的孩子们。最近，在一个阳光明媚的冬日早晨，我骑着自行车沿着加利福尼亚海岸行驶，我数了数，有5个婴儿车，车里的小婴儿都低头盯着电子设备，完全没有注意到那些美好的画面：海鸥们在一片垃圾上吵得不可开交；冲浪者在观察不断膨胀的海浪；一辆鲜红色的救生员卡车驶过，鹈鹕在水面上低飞……5个小婴儿错过了这一切，甚至更多，因为他们的注意力被锁定在了屏幕上。

世界上最好的保姆

移动设备是优秀的保姆。它们可以安抚挑剔的孩子，或者让烦躁不安的孩子有事可做，这样，忙碌的父母可以做晚饭、查看电子邮件，甚至进行一场急需的锻炼。2014年，相关人员对费城一个低收入的少数族裔社区儿童进行了调查，几乎所有6个月至4岁的儿童都使用移动设备（当保姆使）——父母要做家务的时候（70%）；让孩子在公共场合保持冷静的时候（65%）；大人外出办事的时候（58%）；睡觉的时候（28%）。养育子女是一项不懈的工作，对许多人来说，照顾孩子是一种负担不起的奢侈。此外，有8万多个应用程序和游戏被冠以"服务于教育和学习"的名号，人们认为孩子可以通过智能手机等移动设备学习一些东西。这本身是很好的事情，苹果应用商店的学龄前幼儿类应用是最受欢迎的，占付费应用的72%。有什么危害呢？

---

① 1磅约为0.45千克。

这正是问题所在，因为我们对这些危害并不知情。毕竟，苹果平板电脑还不到10岁，就科学研究而言，它只是个儿童。即便在蹒跚学步时就开始使用平板电脑的婴儿，如今也只是十几岁的孩子，因此，我们并不清楚移动设备对青少年影响的确切数据。

联合国儿童基金会2017年底发表的一篇综合文献指出："这一领域的研究仍然存在理论和方法上的弱点，使得迄今收集到的证据并不可靠，没有定论。"平板电脑、智能手机以及最近涌现的所有其他移动设备的短期现象所产生的长期影响是个未知数。这让孩子们成了我们伟大实验的"小白鼠"。

我问过帕梅拉·赫斯特-德拉·皮埃特拉（Pamela Hurst-Della Pietra）博士这个问题。她是"儿童和屏幕：数字媒体与儿童发展研究所"（Children and Screens : Institute of Digital Media and Child Development）的创始人和主席，这是一个非营利性组织，致力于促进关于数字媒体对幼儿、儿童和青少年影响的研究。这个国家级跨学科研究组织汇集了医学、社会科学、神经科学、教育和其他领域的专家，宗旨是解决关于儿童和数字技术的三大问题：

1. 数字技术如何增强或削弱儿童过上幸福、健康和高效生活的能力？
2. 多年的电子媒体互动如何塑造儿童的身体、认知、情感和社会性发展？
3. 我们应该怎么做？

"父母们需要明白，这个领域还很新，我们还没有很多权威的研究，"帕梅拉·赫斯特-德拉·皮埃特拉告诉我，"与此同时，无障碍环境发生了巨大的变化。现在，你可以把这些设备带到任何地方。虽然有一些惊人的好处，例如，你可以和亲人使用网络电话聊天，但也存在着我们并不完全了解的风险。不过，我们也明白，为了充分发挥他们的潜能，有一些幼儿需要进行智力开发。"

让孩子在屏幕世界里畅游

据估计,全世界有 1/3 的互联网用户是儿童和青少年,但他们使用的数字技术并没有考虑到他们的成长需要。虽然人们关于当今设备对幼儿的长期影响知之甚少,但对儿童的健康成长却了解很多。

婴儿在真实的三维世界中需要丰富的多维体验。他们需要机会去亲身实践和探索,并与有爱心的成年人进行互动。当有人给他们读书、与他们交谈或玩耍时,以及当他们在现实生活中与其他孩子嬉戏时,他们能够茁壮成长。他们因置身于大自然中而受益匪浅。屏幕——无论是电视、平板电脑、智能手机、游戏机、电脑,甚至是联网玩具——无法提供与现实世界相同的体验。

搜索一下你就会明白,婴儿为什么需要这些真实世界的体验。一个新生儿有数万亿个脑细胞或神经元等待着被激活,每个小脑细胞大约有 2500 个突触(在神经元之间传递信号的连接部位)。当电信号在神经元之间传递时,突触就会受到刺激。就像连接偏远村庄的人行道一样,它们每次投入使用或受到刺激时都会得到改善,偏远村庄就会焕发生机。婴儿从出生起的每一次体验都会刺激这些连接,而重复的体验又会加强这些连接,从而在未来几年塑造孩子的行为。

小孩子经历的现实生活与他们没有经历的体验一样重要,因为"没有被体验的东西"也会影响大脑的发育。没有被使用(或者,没有被重复使用的突触连接)的神经元被修剪掉了,同时,剩余的连接得到了加强。受到刺激的突触会变成"硬链接",形成孩子未来认知功能建立的永久基础。

尽管孩子们的大脑会将这种"硬链接"或"错综复杂的心灵织锦"延续到 25 岁左右,但大部分关键工作都发生在 0~3 岁之间。这是一个极其敏感的成长期,孩子们需要从他们所处的环境中获取特定的体验,以适当地刺激他们正在发育的大脑,并为他们未来所有的关系打下基础——无论是线上还是线下。

孩子们最需要的是爱

婴儿需要一种特殊的刺激——父母或看护人充满爱意的凝视。如果缺乏面部表情和眼神交流传递的刺激，可能会导致灾难性的后果。在《网络效应》一书中，作者兼网络心理学家玛丽·艾肯博士写道："过去一个世纪的许多实验表明，在儿童成长的这一关键时期，感官剥夺（sensory deprivation）和社会剥夺（social deprivation）产生了灾难性的后果，并对以后发育的影响巨大。"

如果父母花更多的时间深情地盯着他们的智能手机，而不是自己的孩子，会发生什么？艾肯认为，随着时间的推移，这些婴儿面对面交流的能力可能会降低，建立深厚的亲密关系的潜能会降低，感受或给予爱的能力也会降低。

尽管我所教的中学生已经足够大，但他们似乎仍然渴望父母或看护人的关注，他们经常抱怨打篮球或参加舞蹈表演时抬头看到父母低头看手机的感觉有多糟糕。"糟糕透了！"不止一个十几岁的孩子告诉过我。这种情况令人难过，但一想到婴儿得不到应有的关注，心情就更糟了。整整一代儿童没有从关爱他们的看护人那里得到他们需要的情感交流，其长期影响还有待观察。

屏幕还剥夺了孩子们交谈、玩耍、与父母和朋友互动、从事创造性活动等的时间。很明显，当他们看手机或电脑时，父母和孩子说话和玩耍的时间会减少。如果孩子们也使用数字设备，那么，他们更不可能和自己的父母或其他孩子交谈或互动。

珍妮·雷德斯基（Jenny Radesky）博士是一名发育行为儿科医生，也是两个年幼孩子的母亲，她想知道成年人在孩子身边使用移动设备的情况有多普遍，于是，她进行了一项后来被广为引用的研究。她和她的研究人员在波士顿地区附近的快餐店里偷偷观察了55名看护人，通常是一位家长带着一个或几个孩子。在他们观察的55名成年人中，有40人在吃饭时使用移动设备。16人在用餐中全程使用移动设备。研究人员注意到，10岁以下的孩子会以不断升级的方式吸引成年人的注意力：一开始，成年人通常会忽视孩子们的努力争取，但最终会以责骂的口吻回应，似乎对孩子们的需求漠不关心。到目前为止，还没有一项全面的研究来衡量过度沉迷于电子设备的看护人忽视孩子而产生的长期影响。

想想发展心理学家爱德华·特罗尼克（Edward Tronick）博士在1975年进行的"静止脸实验"（Still Face Experiment）吧。那时候，移动设备还远没有让父母分心。他的实验很简单：先是要求妈妈们和半岁大的宝宝参与正常的动画游戏，包括模仿对方的面部表情。然后，要求妈妈们在3分钟内突然让自己的面部表情完全静止或毫无表情。起初，婴儿们焦虑地试图与他们的妈妈重新互动，但如果妈妈不动，宝宝就会表现出更大的困惑和痛苦，最后才转过身去，看上去既伤心又绝望。

这一实验在发展心理学中得到了普遍印证，它表明，缺乏面对面的情感交流时，小婴儿会感到不安，其后果远大于其他违反正常社交互动的行为。即便是成年人，如果面临的是板着脸用手机而不是寻求情感交流的伴侣，他们也会感到痛苦。《离婚克星》（*Divorce Busting*）作者米歇尔·韦纳-戴维斯（Michele Weiner-Davis）在书中写道："每次你转身离开你的配偶或他（她）转身离开你时，不管你是否表现出来，你的反应都和婴儿的反应没什么两样。"

简而言之，事实证明，年幼的孩子和已婚人士都渴望真正的人际交往。因此，如果你或你的孩子花在看屏幕的时间比看彼此的时间都多，那么，关键的神经通路可能没有得到适当的刺激，从而将建立重要关系的人类素质的发展置于危险之中。正如艾肯所说：

"婴儿需要的不是高科技……事实证明，数字技术对（婴儿）的健康发育没有多大好处。到目前为止，没有任何电子设备或应用程序可以取代拥抱、交谈、大笑、玩傻傻的游戏、牵手或和孩子一起读书。我毫不怀疑，有一天，数字技术开发人员和设计师会开发出能够真正提高婴幼儿学习能力的应用程序，让数字屏幕的教育价值发生变化。在那之前，也许我们最需要的就是这样一个应用程序——可以提醒父母把自己的屏幕留在家里，与孩子们进行面对面的交流。"

"数字奶嘴"的诞生

给哭闹的孩子一个数字屏幕，可能会立即产生镇静效果，但对你和孩子来说，长期的影响可能与你期望的相反。

帕梅拉·赫斯特-德拉·皮埃特拉博士担心，移动设备成了她所说的"数字奶嘴"。"当父母给孩子移动设备的时候，"她说，"这些婴幼儿并没有学会如何让自己平静下来，这是非常非常重要的问题。"她建议给孩子们"一些促进幻想和探索的活动。我们知道，积木等传统玩具经过了时间的考验，它们对幼儿有多种好处。给孩子一个无聊的机会，这不是一件坏事。"

在一个激烈争夺孩子注意力的数字世界里，越来越难让孩子们体验无聊了。毕竟，孩子们在屏幕上看的和做的很多事情都很刺激！相比之下，快速的场景变化和奇幻的故事让现实生活显得枯燥乏味。如果你屈服于孩子对数字娱乐的要求，可能会造成不良后果——他们的注意力和专注能力可能会受到重要发育时期过度刺激的负面影响，尤其是在幼儿时期。

2015年，我参加了帕梅拉·赫斯特-德拉·皮埃特拉在加州大学欧文分校（UC Irvine）举办的一次科研人员和科学家聚会。西雅图儿童医院儿童健康行为和发展中心主任迪米特里·克里斯塔基斯（Dimitri Christakis）博士针对他所做的一项有关数字技术对幼儿影响的研究做了一场伟大的演讲，当时，他与大家分享了这一研究成果：在1~3岁之间看电视越多的孩子，在7岁时出现注意力问题的可能性就越大。孩子每天看电视1小时，注意力问题的风险就会增加近10%。相反，一个孩子在3岁之前接受的认知刺激越多（例如，看护人给他念书或与他交谈），出现注意力问题的可能性就越小。

敏感而年轻的大脑也会受到电视过度刺激的直接影响。弗吉尼亚大学的研究人员发现，只看9分钟快节奏卡通片的学龄前儿童在需要注意力的任务上的表现明显不如花20分钟画画的儿童。

虽然这两项研究都涉及电视，而不是当今的互动式数字技术，但是，当我们试图弄清屏幕可能对小孩子的思维产生什么影响时，我们必须进行的最佳研究依然是对电视和视频的研究。

亲人之间的视频互动

对于两岁及以下的儿童来说，屏幕的影响大多是负面的，特别是对健康发育的两个重要方面：语言发展能力（language development）和执行功能（executive function）。

让我们先来看看语言发展能力。许多研究表明，视频和电视无法帮助两岁以下的儿童获得这些技能。有一项针对12~18个月大的孩子进行的研究，测试他们学习25个新单词——看屏幕学习或与真人互动，哪个更有效？一组孩子，每周看几次含有新单词的DVD，持续4周；另一组孩子，由父母教给他们这些单词（父母在日常交流中使用这些词汇）。结果，学单词更多的孩子是从父母那里学来的。这项研究及其他许多类似的研究表明，婴儿学习说话的最佳方式是与人类进行实时互动。

小孩子使用屏幕学习的困难不仅仅是语言。在另一项研究中，一组12~18个月大的婴儿在屏幕上看到一套多段动作，而另一组儿童则由一个人教授同样的动作。由真人指导的孩子学得更好。这种现象后来被称为"逆差转移"（transfer deficit）。科学家认为，它的根源在于，两岁以下的儿童没有必要的象征思维能力（symbolic thinking skills），无法理解屏幕上的东西是真实事物的象征。

但是，关于互动式数字新技术的一项新研究表明，它们对幼儿的影响可能不同于电视和视频。研究人员最近发现，年龄在12~25个月之间的儿童每天与同一伙伴进行视频聊天，持续一周的时间，他们不仅通过这些互动交流学习了新单词，还创造并维持了社会联系。尽管这项研究没有和现场的互动小组进行比较，但重要的是，要记住，对于许多家庭来说，孩子不可能和远方的祖父母或其他亲戚进行现场互动。有证据表明，使用屏幕与亲人联系有积极的效果，即使对很小的孩子来说也是如此。

多动症儿童越来越多

我认为，在屏幕可能对小孩子思维产生的所有影响中，最需要密切关注的是屏幕可能对执行功能产生的影响。

所谓"执行功能"，通常被认为是"大脑的CEO"。它负责确保我们能够专注于、保留和处理我们头脑中的信息，过滤干扰，并切换话题。当孩子有执行功能问题的时候，任何需要计划、记忆、组织或时间管理的任务都会成为挑战。执行功能随孩子年龄增长会变得越来越重要，因为孩子们要完成学业，必须在课堂上集中注意力，跟踪学习进度，完成家庭作业，并把以前学过的知识应用到当前的学习中。

执行功能是儿童发展的基本能力。哈佛大学的一份报告显示："获得这些技能的早期能力是幼儿时期最重要和最具挑战性的任务之一。'执行功能'对儿童、青少年和成年早期的健康发展至关重要。"

虽然有很多人担心，长久盯着屏幕可能会对执行功能的发展产生负面影响，但对这一问题的研究产生了好坏参半的结果。我们知道，儿童注意力缺陷多动症（Attention-Deficit/Hyperactivity Disorder, ADHD）发病率正在上升（研究人员认为，注意力缺陷多动症属于执行功能的缺陷）。根据美国疾病控制和预防中心（the Centers for Disease Control and Prevention）的数据，仅在美国：

- 4~17岁的儿童中，1/10的人被诊断出患有多动症。
- 2007–2012年间，患有多动症的儿童（2~5岁）增加了50%以上。
- 患有多动症的儿童比例继续上升，从2003年的7.8%上升到2007年的

9.5%，并在2011—2012年上升到11.0%。

究竟是什么导致了多动症儿童的惊人增长，目前还没有达成共识。你想更多地认识多动症吗？可以早期诊断吗？因为屏幕时间的增加吗？许多人把这归咎于看电视的时间，他们指出，有研究表明两者之间存在相关性（但不一定是因果关系）。莱斯利·奥尔德曼（Lesley Alderman）在《每日健康》（*Everyday Health*）上报道了这个问题，她写道："最近的一项研究评估了1323名三年级、四年级和五年级的孩子在13个月内的观看习惯，每天在屏幕前玩电子游戏或看电视超过两小时的儿童出现注意力问题的可能性是其他人的1.6~2.1倍。"

随着关于过多的屏幕时间是否会导致孩子在学校或其他地方注意力不集中的争论愈演愈烈，美国最著名的网瘾专家之一尼古拉斯·卡尔达拉斯（Nicholas Kardaras）博士在其著作《屏瘾——当屏幕绑架了孩子怎么办》（*Glow Kids: How Screen Addiction Is Hijacking Our Kids—And How to Break the Trance*）中写道："提出几个论据去证明其中的因果关系，而不是相关性——这意味着，屏幕确实会导致注意力紊乱。"

是什么夺去了孩子的注意力

我养成了一个习惯——询问教育工作者，他们是否认为数字技术导致了课堂上的注意力不集中。旅程学校的教育主管雪莉·格雷泽-凯莉（Shelley Glaze-Kelley）就是我问询的对象之一。在过去的20年里，她要么是一名教师，要么是一名管理人员，因此她在各种各样的教室里度过了很多时光。格雷泽-凯莉和我一起教授过"网络公民"课堂，所以，我有机会目睹孩子们在她进入教室时是多么的兴奋不已——他们知道，她要用一个有趣的故事或一个即兴的舞会来"款待"他们。很难想象她努力吸引全班同学注意力的场景，但她告诉我："我在学生身上看到的最大差异就是专注力的缺失和学生保持专注的时间。10年前，当我还是一名四年级学生的老师的时候，我通常会开45分钟的班会。

但今天，当我和四年级学生共处时，我发现他们只能集中注意力15~20分钟，然后需要过渡到游戏、私下谈话或其他活动。他们的注意力持续时间是不一样的。"

她认为，这是当今教育面临的最大挑战。"我们面对的是这样的孩子——他们非常兴奋，习惯于看这个东西5分钟，然后看那个东西5分钟，然后说：'哦，如果我不喜欢这玩意儿，那就滑动屏幕去看别的东西。'教育工作者无法匹配提供相同的体验。所以，学生们不感兴趣，主要是因为老师的注意力持续时间太长，这非常不幸，而且很难纠正。这在今天的课堂上成为一项主要的挑战。"

我也觉得这很具挑战性。今天，毕兹咖啡（Peet's Coffee）的一小杯拿铁咖啡已经不能支撑我周一在旅程学校连续教四节课了。我需要一大杯浓缩咖啡，但有时候，这些咖啡因并不足以让我的能量达到和学生们一样高的水平。是什么让他们如此热血沸腾？从他们的闲聊中可以看出，他们玩的是视频游戏，学的是编码，看的是YouTube视频，拍摄并发布的是照片，参与的是短信群。当成年人担心孩子在课堂上无法集中注意力时，这些孩子却似乎有能力把注意力集中在他们在网上做的事情上。

我参观的每一所学校都是一样的——无论是大型企业还是小型企业，无论是私人企业还是公共企业，无论是媒体政策最严格的企业，还是对数字技术持放任态度的企业。世界各地的孩子都对数字技术感到兴奋，并渴望谈论。即使是那些尽力不让孩子接触数字技术的家庭，也是在数字技术主导空间和对话的世界里养育子女，这一点不会改变。不过，格雷泽-凯莉说得对：这种文化变迁使得每个人都更难度过上学的日子。不管怎样，我们必须帮助孩子们获得他们在线下和线上成功所需要的技能。

这项工作必须开始于家里有孩子的你们，你能对他们每天的日程施加一点控制。注意屏幕对他们的社会技能、语言发展能力和注意力的潜在影响。这是你必须趁机去做的基础性工作。随着他们年龄的增长，以及他们对一切数字技术的热情效应，这一切都会得到回报。

正如帕梅拉·赫斯特-德拉·皮埃特拉博士所说："我并不是说数字技术无处容身。它可能非常有益，但也会带来巨大的风险。我们需要了解风险是什么，并努力减轻这些风险。"

好处最大化，风险最小化

除非为人父母的你打算用纸袋紧紧地包裹好孩子们的小脑袋，否则，他们在成长过程中不可避免地会遇到屏幕（可能是互动式屏幕）。尽管你们决心保护最小的孩子不受屏幕的伤害，但在今天，这是一项不可能完成的任务。

"我是数字屏幕的实用主义者，"大卫·克里曼（David Kleeman）说，"家庭尽其所能让生活正常。"克里曼自称是一名"儿童媒体巡回专家"，他是杜比特公司（Dubit）潮流部高级副总裁。杜比特是一家总部位于英国的战略、研究咨询和数字工作室。在过去的30多年里，他一直推动着儿童媒体行业发展可持续的"亲儿童"（kid-friendly）实践，因此，他目睹了很多家庭长期以来都在努力解决这个问题。

"在0~2岁之间，孩子不需要使用数字设备，他们不会从数字设备上得到任何对他们以后的生活至关重要的东西。"然而，克里曼告诉我，当父母因为让年幼的孩子接触屏幕而感到内疚时，他很担心。

当我们谈话的时候，我想起了在一所完全脱离数字技术的学校里做演讲的情景。一位年轻的母亲举手提问，她做饭时，是否可以让她蹒跚学步的孩子用平板电脑看儿童节目："我整天都和孩子待在一起，5点钟的时候，我已经筋疲力尽了。有时候我只需要几分钟就能完成一些事情。"虽然我的演讲宗旨是支持学校不让青少年看网络屏幕的校规，但在这种情况下，我做不到。"当我丈夫不在家，我试着把晚饭准备好，两个小孩央求我给他们找点乐子的时候，我已经筋疲力尽，只会不停地播放儿童节目。感谢史蒂夫·伯恩斯（Steve Burns），他是儿童教育节目《布鲁的小脚印》（*Blue's Clues*）的迷人的主持人。没有他的帮助，我的幼小的孩子们肯定会饿死的。"这就是我对那个年轻妈妈说的话。我们已经尽力了。

"我不是说要禁止屏幕，也不是说屏幕好极了。我是说，让我们为家人提供生活正常运转必备的知识。"克里曼解释道。如果早期社会能弄明白如何使用他们的新工具，我们当然也能弄明白如何成功地使用我们的新工具。

适宜地引入数字技术

2012年，美国幼儿教育协会（National Association for the Education of Young Children，NAEYC）和弗雷德·罗杰斯中心（Fred Rogers Center，FRC）起草了一份联合声明，帮助幼儿教育工作者了解如何以适合学生发展的方式使用数字技术。埃里克森研究所（Erikson Institute）儿童早期数字技术中心（Technology in Early Childhood，TEC）主任、该声明的作者之一奇普·多诺霍（Chip Donohue）博士表示，尽管该声明发表于2012年，但它"经受住了时间的考验"。他们的建议对今天的教育工作者和家长都很重要：

- 当意向性地适当使用数字技术和互动媒体时，它们就是支持学习和发展的有效工具。
- 意向性用法要求幼儿教育工作者掌握关于这些工具的性质及其影响的信息和资源。
- 针对数字技术和媒体的使用限制很重要。
- 务必特殊考虑婴幼儿使用数字技术的问题。

目前对婴幼儿屏幕时间的建议如下：

- 对于未满18个月的婴儿，应避免其使用除视频聊天之外的屏幕媒体。
- 对于18~24个月大的婴幼儿，如果父母想让他们接触数字媒体，应该选择高质量的节目，并和孩子一起观看。
- 对于 2~5 岁的儿童，每天使用屏幕的时间限制在 1 小时以内。

"当数字技术被意向性地适当使用于人际关系中时，我们看到了巨大的希望，"多诺霍说，"我们已经从对数字技术的担忧转变为对其意向性的适当使用和更多的更深入讨论。"

意向性地使用数字技术

看来，弗雷德·罗杰斯中心仍在指导人们如何意向性地使用数字技术。大多数成年人都很怀念自己小时候看过的电视连续剧《罗杰斯先生的街坊四邻》（*Mister Rogers' Neighborhood*）。我知道我自己就是这样的人。尽管我的父母很讨厌我和我的四个兄弟姐妹"扑通"一声坐在电视机前，因为他们确信这是在腐蚀我们的大脑，但他们从来没有抱怨过"罗杰斯先生"。我能听到他那轻柔悦耳的声音从我家客厅的电视里传出来。他正在一边换上运动鞋和标志性的开襟羊毛衫，一边唱主题曲《与我为邻》（*Won't You Be My Neighbor*）。谁能忘记，他在乘坐城堡可爱的有轨电车回到安静舒适的家之前，穿越进了《剧情邻里》（*Neighborhood of Make-Believe*）去拜访弗雷迪王（King Friday）、艾柏林夫人（Lady Aberlin）和亨丽埃塔猫咪（Henrietta Pussycat）？罗杰斯巧妙地运用了他那个时代的电视技术，自觉又体贴地向孩子们介绍积极向上的性格特征。我和兄弟姐妹们还记得我们从这个善良温柔的榜样身上学到的教训。即使在今天，罗杰斯先生也提供了一个强有力的例子，说明如何利用数字技术（电视、平板电脑、智能手机）适宜地向儿童传递积极的内容。

我们要敢于面对数字技术。因为在年轻一代的日常生活中，我们不可能战胜屏幕。以前，我的父母不可能战胜电视，现在我们走到哪里，屏幕就跟到哪里，更加不可战胜了。但我们可以而且必须意向性地使用屏幕，尤其是对幼儿。这包括选择罗杰斯先生所建议的——比如，内容适宜 [就像美国公共广播公司的系列节目《小老虎丹尼尔的邻居们》（*Daniel Tiger's Neighborhood*）一样，这部动画节目也包含了罗杰斯对社会情感的理解]、限制屏幕时间、陪孩子一起观看、大人在场并随时解释等等。对不起，家长们，你们必须放下自己的电子设备来守护孩子的屏幕时间。

当家长、看护人和教育工作者每天都在努力应对平板电脑、智能手机、声控家庭扬声器（比如，亚马逊智能音箱）、互动玩具和其他设备的不断入侵时，罗杰斯提醒我们，我们可以找到一条明智的前进道路。

在最初意见论文的后续报告中，作者凯蒂·帕克加（Katie Paciga）博士和多诺霍继续借鉴罗杰斯的方法来研究儿童成长问题。他们写道："也正如罗杰斯所强调的那样，我们认为孩子与他人的互动仍然非常重要，屏幕永远无法取代有爱心的成年人的影响。"

"屏幕媒体和数字技术工具应该始终用于（或具有潜在的）社会互动语境中！"多诺霍说道。他建议家长们："了解数字技术如何成为鼓励互动和加强关系的工具，而不仅仅是破坏或阻止它们。"用罗杰斯自己的话来说："没有什么东西可以代替一个人实实在在地陪伴另一个人。也许有电视、收音机、电话和互联网等很多新奇的东西，但没有什么东西可以代替面对面的交流。"

"数字素养"小贴士

虽然你无法改变屏幕的存在，但你可以改变你在一个充满屏幕的世界里养育孩子的方法。请留心孩子们最需要什么——与有爱心的人进行面对面的交流。这就是孩子们获得社会技能、情感自控、创造力、应变能力，最重要的是，与他人相处的能力，以及从其他角度看问题的能力的途径。这些也是数字素养的"种子"，而屏障阻止这些"种子"生根和生长。

你今天所做的工作会为你的孩子明天与人互动以及与屏幕互动打下基础。你的努力是值得的。"儿童和屏幕：数字媒体与儿童发展研究所"制订了以下

四项准则:

- **设定底线**。限制孩子接触数字设备的时长,在吃饭时间或睡前1~2小时关掉设备,让孩子的卧室里没有数字媒体。
- **监视用法、行为和内容**。屏蔽不合适的内容;观看孩子们正在玩的视频游戏,并和他们一起玩游戏;和孩子朋友的父母谈论你的孩子在他们的家里都做了些什么。
- **设定可以接受的限制**。制订并执行关于屏幕时间的家规,不要让电子媒体干扰家庭关系。
- **参与并树立榜样**。遵守你自己的家规,记住,你的孩子们在看着你。

如果你决定和你的孩子使用互动数字技术[请听从美国儿科学会(American Academy of Pediatrics,AAP)的建议,并在孩子18个月大之前避免让他们使用屏幕],请参考多诺霍最近在《想象力》杂志(*Imagine Magazine*)上分享的《与儿童一起使用数字技术和互动媒体的十大技巧》(*Top Ten Tips for Using Technology and Interactive Media with Young Children*):

1. 记住,人际关系是最重要的。与幼儿一起使用数字技术始于低科技、高接触的互动机会、共享的经验和探索,以及共同参与。

2. 将数字技术应用融入社会和情感学习中。数字技术应该以支持积极的社会互动、专注力、创造力和主动性的方式使用。

3. 利用数字技术作为工具。数字技术是一种额外的重要工具,用于探索、学习和创造,你可以把它交到孩子们的手中。它与孩子们早年用来学习的其他工具差不多。

4. 相信你的直觉。少关注孩子接触屏幕媒体的时间,多关注内容的质量、使用媒体的环境和参与程度。更长时间地关注孩子在做什么,而不是简单地关注几分钟。

5. 让孩子们将数字技术作为21世纪学习的工具。选择鼓励查询、探索、发现、记录和演示他们所知内容的数字技术。

6. 提供有益的数字技术经验。提供具有吸引力和互动性的媒体经验，包括与他人的积极互动；给孩子控制权；强调互动、语言使用和人际关系；邀请媒体共同观看和参与。

7. 让媒体使用丰富的语言体验。叙述你自己的数字技术使用情况，当孩子们使用屏幕媒体时，谈论他们在做什么，提出问题，发表评论，并就屏幕关闭后他们能做的事情提出建议。

8. 帮助孩子从消费媒体到创造媒体。当简单的工具（比如，数码相机）配上孩子的好奇心和创造力时，就是强大的媒体创作工具。

9. 在孩子面前展示自己使用数字产品的方法。孩子们通过观察生活中重要的成年人来养成使用媒体的习惯，并学习如何及何时使用数字技术。

10. 做孩子的媒体导师。年幼的孩子需要值得信赖的成年人，他们是在数字时代安全地引导孩子积极向上的媒体导师和榜样。

"网络公民"课堂活动

与亲人打网络电话

我亲爱的朋友帕蒂·康诺利（Patti Connolly）是一名学校发展专家，近30年来，她一直为各个学校（主要是华德福学校）提供咨询和服务。如今，她建议他们如何适宜地慢慢引入数字技术。康诺利告诉我："就像你永远不会把菜刀交给一个两岁大的孩子一样，你也不应该只是递给他们一个数字设备。"她建议，"向孩子展示这些屏幕是干什么的，以及如何意向性地使用屏幕，如此来满足他们天生的好奇心"。这里又出现这个词语——意向性。我请康诺利给我举个例子，说明如何与幼儿一起意向性地适当使用数字技术。

由于工作原因，康诺利和她的丈夫蒂姆（Tim）需要走遍世界各地，与不同的学校合作。蒂姆也是一名长期在华德福任教的教师和管理人员。他俩有一对双胞胎小孙子,经常使用网络电话与其保持联系。"小孙子们不只是想聊天,"康诺利告诉我,"他们想让你走来走去,给他们看东西,我们就是这么做的。这是向幼儿展示数字新技术的积极有效的好方法,可以让他们看明白,屏幕可以用来沟通和连接。有人认为,屏幕让我们彼此孤立,其实恰恰相反。屏幕可以把我们和亲人连接在一起。"

做一做下面的事情吧:

1. 你有远方的亲戚和朋友吗?向你的孩子展示,你们是如何使用屏幕来保持联系的。如果你还没有,那就注册一个网络电话账号,或者其他许多免费的网络通信工具,比如,谷歌环聊(Google Hangouts)或苹果视频通话(Apple FaceTime)。记住,让你的孩子观看你使用新软件的过程。

2. 当你使用网络电话(或其他视频聊天工具)和亲人联系时,让视频那头的人告诉你和你的孩子,他们在哪里,和谁在一起,在做什么。你和你的孩子也可以这样做。向你年幼的孩子解释,虽然亲人出现在屏幕上,但他们住在很远的另一所房子里。你的孩子处于什么发育阶段,将决定他们对这些信息能理解多少。

不厌其烦地解释

每次使用数字产品时,都要向孩子解释,以满足他们天生的好奇心。记住,孩子天生会模仿。他们观察并记录周围成年人的一举一动,学习如何成为真正的人类。想想他们所看到的一切:成年人禁不住拿起手机查看短信、电子邮件、天气、拼趣网(Pinterest)上的食谱,谁知道还有什么。许多小孩子变成了"手机不离手"的少年,这有什么奇怪的呢?

打破这个恶性循环,从下面两个步骤开始:

1. 注意你在年幼的孩子面前使用手机的次数。

2. 当你必须使用手机或其他联网设备时,向孩子解释你在做什么,并邀请孩子和你一起做。你可以说：

- 奶奶打电话过来了，我去接电话，看看她怎么样了。你也想和她谈谈吗？
- 我不知道今天的晚餐吃什么，所以，我们一起找一个美味的食谱吧。
- 我们明天要去动物园，所以我要看看地图，看看怎么去那里。你想和我一起看吗？
- 动物园太有趣了！我能给你拍一张照片吗？这样，我们以后观看的时候，就能回忆起我们在一起的美好时光了！

你要特别留心去解释。每次使用数字产品的时候，都要向你的孩子解释一下，也算是给自己提个醒——你可能用得比你需要的还要多。你可以试着向你的孩子这样解释："这是妈妈在半小时内第5次查看工作邮件。"除非你有急事，否则这听起来是不是有点可笑。

探索不同的兴趣

当孩子们看到大人一口气看了几十集电视节目时，他们得到的信息是：数字工具只是娱乐工具。很有可能你的小模仿者们也会这么做——盲目刷剧——如果只有数字技术陪伴他们的话。所以，尤其在孩子还小的时候，大人应花点时间教他们如何利用数字技术来学习和探索不同的兴趣。

1. 你是否有一个迷恋卡车、昆虫或烹饪的小孩？使用屏幕一起探索这些主题吧。YouTube 视频儿童版对孩子们在这方面的发展非常有帮助。但事先警告一下：无论你打算和孩子一起看什么，一定要先自己看。2015 年，谷歌旗下的 YouTube 视频满怀善意地推出了儿童版。他们的想法是提供一个"亲儿童"版本的平台，上传并分享适合儿童观看的视频，其中许多由迪士尼和尼克频道 （Nickelodeon） 提供。该网站应该会自动过滤掉不合适的内容。但在 2017 年底，《纽约时报》 （*New York Times*） 称，某些不太适合儿童观看的视频正在逃脱 YouTube 视频过滤器的筛选，年幼的孩子们正接触到少儿不宜甚至令人不安的画面。其中一个视频展示了蜘蛛侠（Spider-Man）对《冰雪奇缘》（*Frozen*）中艾莎（Elsa）撒尿的泥塑动画。这可不是你想让你 4 岁的孩子看到的画面。尽管 YouTube 视频声称已经解决了这个问题，但还是要谨慎行事，无论你打算和孩子们一起看什么节目，都要提前播放。

2. 将你的观看时间限制在 15 分钟以内，并记住这个时限。请记住，美国儿科学会建议，18 个月以下的婴儿不要看屏幕（除非与亲人视频），18~24 个月的幼儿，需要在大人的监督下看屏幕，5 岁以下的儿童每天看屏幕最多不要超过 1 小时。千万不要让你年幼的孩子无人看管，一定要和孩子一起观看并解释你们正在观看的内容。请记住，小孩子不懂如何把他们在屏幕上看到的东西和现实生活联系起来，你的任务就是为他们做这些事情。

第二章 社会技能的第一性

电脑可以帮你学习拼写"拥抱"这个词,但它永远无法帮你了解实际给予或接受拥抱的风险或乐趣。

——弗雷德·罗杰斯

在你的注视下,你的孩子上学了,此时,你就越来越难帮他们建立合理使用屏幕的坚实基础了。当孩子的朋友开始拥有移动设备时,他们就会在你跟前唠叨这事儿了。"人手一部哦"很可能成为你耳边的循环叠句,目的是让你崩溃。他们的学校可能会要求他们将数字技术用于各种目的,当他们开始探索家和学校之外的世界时,就会发现那里充满了令人兴奋的数字新技术——不断更新的游戏设备、无线耳机、智能手表、机器人玩具、VR 游乐场、AR 应用程序和其他小工具。帮孩子与数字技术建立健康的关系,感觉就像是努力做到 24/7 [①],所以,朋友们,要坚强啊!你们现在所做的基础性工作将在短短几年内结出果实。

学校教育方式的改变

我们的大女儿大部分的幼儿园生涯都是在教室外面度过的。多亏了南加州沿海田园诗般的气候,户外活动为她的老师提供了比"教室"更好的选择——这里的"教室"是那种蹩脚的便携式结构,装有带裂缝的隔音天花板和嗡嗡作

[①] 24/7 是一天 24 小时,一星期 7 天的缩写,即全天候提供服务的意思。——译者注

响的荧光灯。对于特许学校来说这很常见，他们通常租用其赞助区所提供的任何空间。孩子们轮流唱一小会儿歌，然后在灯光柔和、丝巾覆盖（用来遮盖手提电脑）的教室里夸张地讲故事。接着，他们走向户外，沿着自行车道，漫步一英里[①]半，穿过历史悠久的圣胡安卡皮斯特拉诺——30个孩子欢快地蹦蹦跳跳，停下来收集小树枝，观察河床上的青蛙，大赞黄绿色的君主蝶毛虫，或者把石头扔进圣胡安河。最后，他们到达了目的地，这是一个绿草青青、绿树成荫的公园，他们会尽情地玩耍，最后再步行回校，赶在中午12点30分之前到达，等家人来接。

如今，已经很少有孩子能这样无忧无虑地度过幼儿园的早晨了。他们通常要在室内，努力学习读写或做数学题。根据幼儿园《美国共同教育大纲》（Common Core State Standards，CCSS），学生应该写单词、句子和段落，并开始解数学方程。美国40多个州使用的公立学校学生CCSS列出了90多个幼儿园准则，许多学校很早就引进数字技术以确保他们的学生不会掉队。

学前儿童与数字设备

几年前的夏天，我在洛杉矶参加了一次数字技术教育会议，并和三位幼儿园老师共进午餐。当时，我惊讶地发现他们也在活动现场，于是问他们，在教室里学习数字技术与三四岁的幼儿园小孩有什么关系。

他们说："我们使用互动白板和苹果平板电脑，小朋友必须做好迎接数字技术的准备。"

他们带着极大的热情，解释了如何使用数字技术来向孩子们展示视频，并教授其基本的语言和数学技能。午饭结束后，我们分道扬镳了。

在会议结束后的周一上午，我已经充分恢复了理智，但对在幼儿园教室

---

① 1英里约为1.61千米。

里使用苹果平板电脑感到好奇。于是，我在谷歌上搜索，看看这种做法有多普遍。结果搜到了很多网站和文章——从"平板电脑很适合学龄前儿童"到"学龄前教师必备的 15 个应用程序"，甚至还有"幼儿园数字技术课程计划"。

在美国各地，学区领导、校长和教师都面临着越来越大的压力，要确保所有学生（甚至是最小的学生）都做好了接受"数字技术教育"的准备。到 2016 年底，超过一半的美国 K-12[①]学生能够使用学校发放的移动设备。在全球范围内，移动设备在 K-12 学生中的市场也在升温。总部位于英国的调查公司"未来资源咨询有限公司"（Futuresource Consulting Ltd.）跟踪了 46 个国家的数字技术趋势。该公司称，大多数国家正在加大对学校数字技术的投资，以提高本国劳动力的技能。在美国，许多学区都在引入"人手一部"计划。这意味着他们为每个学生提供一台设备，通常是谷歌笔记本（Chromebook）或苹果平板电脑。

明尼苏达州布卢明顿学区正在将所有的学校变成"人手一部"模式。在一次电视采访中，明尼苏达州教育部的道格·保尔森（Doug Paulson）解释说，很有必要让每个孩子"人手一部电脑"，因为"电脑属于现在和未来"。当被问及这将如何改善教育成果时，他回答说："通常我们想把数字技术作为答案，但我们还没有真正思考自身问题。"

也许我们应该先思考一下自身问题。瞧，这里有一个问题：孩子们今天需要学习什么，才能在明天获得快乐、健康和成功——无论是线上还是线下？

孩子需要什么样的技能

当我和丈夫决定把女儿送到一所远离数字技术的学校时，许多好心的同事、家人和朋友都认为我们疯了。他们会问，我们的孩子将如何准备在数字世界里取得成功。

---

① 从幼儿园到 12 年级。——译者注

我们还没来得及对这个问题做出一个"博学"的回答，媒体就已经为我们提供了一个答案。在《纽约时报》一篇广为流传的文章《不懂计算的硅谷学校》（A Silicon Valley School That Doesn't Compute）中，记者马特·里希特尔（Matt Richtel）报道说，易趣网（eBay）的首席数字技术官把他的孩子送到了加州湾区的一所华德福学校，谷歌、苹果、雅虎和惠普（Hewlett-Packard）的很多员工也是如此。加州洛斯阿尔托斯半岛的华德福学校（教授"网络公民"课堂）在报道中称，3/4 的学生家长与高科技有着密切的联系，但他们希望自己的孩子尽可能长时间地远离数字技术。一名曾在英特尔（Intel）和微软（Microsoft）工作过的家长表示："我们需要的是人与人之间的接触，孩子与老师的接触，孩子与同学的接触。"另一名曾在谷歌工作的家长被问及是否担心自己的孩子缺乏数字技术技能，他回答说："不担心，数字技术超级简单，就像学习刷牙一样。在谷歌等所有这些地方，我们让数字技术变得尽可能的容易使用。当孩子们长大了，没有理由不会使用这些。"

这也是我和我丈夫逐渐意识到的问题。因为我看到，我们 12 岁的女儿凭直觉就会使用我的苹果手机导航，或是在我的电脑上屏蔽弹出窗口，所以，我们的猜测得到了证实。有一天，我正在努力学习如何使用一个叫作 Prezi 的演示软件程序。我做着我们这一代大多数互联网用户常做的事——阅读冗长的用户手册。此时，我女儿正在操作她的电脑，她的电脑就在我的电脑旁边。她打开 Prezi，在大约两分钟的时间里创建了一个简短的演示文件。我问她："你怎么这么快就学会用 Prezi 呢？"她反问："你不会用吗？"

虽然我们的女儿似乎并不缺乏数字技能，但我确实想知道，在一个新的数字世界里，她需要什么样的技能。在攻读媒体心理学研究生期间，我在一篇题为《面对参与式文化的挑战：21 世纪的媒体教育》（Confronting the Challenges of Participatory Culture : Media Education for the 21st Century）的论文中找到了答案。这篇论文的作者是亨利·詹金斯（Henry Jenkins），他是麻省理工学院比较媒体研究项目的主任。詹金斯和他的研究团队写了在新兴媒体环境下帮助年轻人"培养全面参与所需的文化能力和社会技能"的紧迫性。这引起了我的注意。"文化能力"和"社会技能"听起来不是很"数字化",也确实不是。我了解到,这些技能可以通过与现实生活中活生生的人接触而获得,甚至不需要使用任何数字技术。詹金斯称这些能力为"新媒体素养",因为它们共同构成了一种新的文化素养——让孩子们在某种环境中不仅可以使用媒体,还可以拍摄和发布视频、拍照和分享照片、回复社交媒体帖子和参与其他活动,以实现"读"和"写"的能力。为了成功地参与到这种环境中来,年轻人需要掌握这些新技能:游戏、表演、模拟、挪用、多任务处理、分布式认知、集体智慧、判断力、跨媒体导航、联网和谈判。所有这些能力都是与数字技术无关的,这意味着它们适用于今天的智能手机,就像它们适用于以后发明的任何设备一样。这些能力共同回答了一个问题:在这个新的数字世界里,孩子们需要什么样的技能?

新媒体素养

- 游戏技能:在一个人的环境中进行实验,这是解决问题的一种形式。
- 表演技能:为即兴创作和发现而采用不同身份的能力。
- 模拟技能:解释和构建真实世界过程的动态模型。
- 挪用技能:有意义地抽样和重新混合媒体内容。
- 多任务处理:扫描环境根据需要将重点转移到突出的细节上。
- 分布式认知:与扩展心智能力的工具进行有意义的互动。
- 集体智慧:汇聚知识,与他人交换意见,为共同的目标而努力。
- 判断力:评估不同信息源的可靠性和可信度。
- 跨媒体导航:跨越多种模式去跟踪故事和信息流。
- 联网:搜索、综合和传播信息。
- 谈判:跨越不同的团体,辨别和尊重不同的观点,把握和遵循不同的准则。

在研究詹金斯列出的清单时，我想到了我年幼的女儿们，她们可能正在从事某种创造性的、好玩的、协作性的活动，而在许多人看来，这些活动根本不像是学习。事实上，我清楚地记得我最小的女儿当时在做什么。上小学时，她手工做了个小木凳来学习数学。她的班级就是这样学习测量和几何学基础的，这在华德福学校是司空见惯的事。我意识到她也在学习新媒体素养技能。和我女儿一起做小木凳的搭档是小男孩比利，他和她一样意志坚强、自信满满。于是，这两个小家伙进行了海量谈判。他们的任务还需要形象化（想象项目完成后的画面）、判断力（决定什么时候测量和什么时候切割）、集体智慧（检查和比较自己与老师和同伴的进度），以及分布式认知（使用锤子、螺旋钻、锯子和钉子等手工具）等能力素养。

如今，我每次到旅程学校教书，都会经过那个精心制作的小木凳，当我回想起我的女儿是如何学习到她现在作为一名大学生所使用的许多文化能力和社会技能（无论是在网上还是在现实生活中）时，我都感到无比的快乐。

"无数字"的数字素养

新媒体素养项目的前任研究主任艾琳·赖利（Erin Reilly）负责监督詹金斯集团创建的资源，包括帮助教育工作者将新媒体素养纳入实践的指南。如今，作为"赖利工作室"（ReillyWorks）的首席执行官和联合创始人，她身处学术界和产业界的交汇处，帮助像我这样的人理解新兴的数字技术。当你想知道孩子下一步需要准备什么时，可以打电话给赖利。这就是我向她询问，麻省理工团队十多年前的鉴定技术是否适用的原因。

"绝对适用，"她告诉我，"我认为，它们在今天更适用，因为孩子们越来越多地参与和连接到新媒体。这是他们日常实践的一部分，就像学习、阅读和写作一样。"她解释说，当我们不能帮助孩子们学习这些社会技能时，他们不知道如何在网上成为积极的参与者。"这时他们就遇到问题了。"

赖利重申，孩子们不需要坐在电脑前学习新的媒体素养技能。在后续报告《我们可以玩吗》（Shall We Play ?）中，她举例说明了如何在每一种类型的学校里教授每一种素养——从"高科技"到"无科技"。她还指出，过分关注数字技术本身，尤其是以牺牲人类技能为代价，可能会适得其反：

单纯以数字技术为基础的解决方案只会导致一场"军备竞赛"，每个学校都把越来越多的预算花在数字设备上，反而剥离了可能帮助学生以合乎道德、安全和创造性的方式使用这些工具的人力资源（如教师、图书管理员等）。实际上，进入网络社会所需的许多核心技能现在都可以传授，即便学校在获取数字技术方面存在严重的不平等也无妨。事实上，在实践某些技能时，"低科技"或"无科技"的环境往往被证明与"高科技"环境相比同样有效，甚至更有效。

虽然这些信息常常让我与之分享的许多父母感到惊讶，但对于那些最了解数字技术的人来说，这并不奇怪。自从里希特尔记者写了一篇关于数字技术圈的家长把孩子送到"无科技"学校，或在"无科技"家庭中养育孩子的故事以来，这种做法几乎成了数字技术圈人士的一种教育趋势。

2017年底，保罗·刘易斯在《卫报》（The Guardian）上写道："这表明，许多更年轻的数字技术专家正在脱离自己的产品，把孩子送到硅谷精英学校，那里禁止使用苹果手机、平板电脑，甚至笔记本电脑。他们似乎遵守了自己年轻时的一句警示贩卖高纯度可卡因的危险性的说唱歌词：永远不要靠自己的供应获得快感。"

同样，被许多人视为虚拟现实之父的作家兼程序员贾罗德·拉尼尔（Jarod Lanier）告诉"商业内幕"（Business Insider）网站："父母越涉足数字技术行业，他们似乎就越谨慎地对待孩子与数字技术的互动。硅谷的很多家长都刻意为孩子寻找'反科技'环境，比如华德福学校。"

突然之间，把自家孩子送到华德福公立学校的决定貌似没那么古怪了，尤其是有两本畅销书提到了这种趋势。在《欲罢不能：刷屏时代如何摆脱行为上瘾》（*Irresistible: The Rise of Addictive Technology and the Business of Keeping Us Hooked*）一书的开篇，作者亚当·奥尔特（Adam Alter）问道："为什么世界上最伟大的数字技术专家公众人物同时也是最伟大的私人数字技术恐惧者？想象一下，如果宗教领袖拒绝让自己的孩子信教，会引起多大的抗议吗？"在这本书前言中，尼古拉斯·卡尔达拉斯（Nicholas Kardaras）博士采访了德布拉·兰布雷希特（Debra Lambrecht）。兰布雷希特曾是华德福公共教育联盟（Alliance for Public Waldorf Education）的管理员，目前在加州圣拉斐尔市（San Rafael）开办了一所"无科技"学校。她告诉卡尔达拉斯："关于低年级学生要不要使用数字产品的争论往往源于对孩子落后的恐惧。"她认为，更重要的是"确保孩子能够有效地利用数字技术作为工具，并将他们最好的思维、创造力和创新统统发挥出来"。

这也是沙赫尔·法塔斯（Shaheer Faltas）告诉我的。旅程学校的前任管理者现在领导着位于加州米尔山谷（Mill Valley）的格林伍德学校（Greenwood School）。他的学校从幼儿园到五年级都是"无科技"教育，到了中学开展"对数字技术有着明确的目标"的教育。据他估计，他的学生家长中约有 1/3 在数字技术行业工作。他说："这些父母明白，他们的孩子需要远离屏幕的大量时间，才能成为我们当今世界所需要的有爱心、有创造力、善于社交、善于创新的思考者。他们认为，数字技术引入得太早，会阻碍这一进程。"

正如网络成瘾专家卡尔达拉斯所写的那样："没有一项可靠的研究表明，越早接触数字技术的孩子，其教育效果会优越于在"无科技"环境中长大的孩子。"卡尔达拉斯是常春藤盟校毕业的一名心理学家，也是石溪大学医学院（Stony Brook Medicine）前任临床教授，他建议："如果你真的想让孩子茁壮成长，那就让他们在生命的最初几年里，不要再看屏幕啦。在这些关键的发育时期，让他们参与创造性的游戏吧。"

要不要远离数字技术

让孩子在小时候远离电子产品,应该很容易做到,但要赶在我们与智能手机和平板电脑竞争之前。其实,放弃收音机、CD、磁带,甚至卡拉OK,都比想象中的更难,过不了多久,我们就会犯些小错误。不止一次(嗯,如果你非要较真,那就是每天都这样),我开着拼车去学校的时候,盒式磁带和CD机里都播放着刺耳的音乐,我们所有人都跟着当时流行的电影原声带一起唱歌——《狮子王》(*Lion King*)、《红磨坊》(*Moulin Rouge*)、《埃维塔》(*Evita*)、《森林王子》(*The Jungle Book*),应有尽有。我们是饥不择食的电影配乐迷。我们还听了《哈利·波特》(*Harry Potter*)有声读物,一遍又一遍地聆听。多年来,我们车上的每一位乘客——从八年级学生到幼儿园小朋友——都知道这些规则:当我们来到拼车队伍最前面时,必须先关掉音乐,再拉下车窗,打开车门。我们不想因为违反媒体合同而被抓。(如果这是你第一次听说这件事,我向曾与我共乘一辆车的所有朋友道歉。)

这些经历让我最终意识到:把使用媒体当成吸食可卡因的习惯是很糟糕的(因为害怕被评判而对别人隐瞒)。此外,我还吸取了三个重要的教训:

- 严格限制媒体使用时间,必然会导致"全军覆没"的后果。
- 不是所有的媒体都一样,那么,为什么要把婴儿使用屏幕的时间和洗澡水一样全部倒掉呢?
- 下面有一个让孩子在充满媒体的世界里获得成功的更佳方式。

引导孩子积极上网

艾琳·赖利不赞成拒绝数字技术,不赞成严格限制网络的使用,也不赞成她所说的"围墙花园"(walled gardens),即限制儿童接触其他网站的平台。"我宁愿让孩子舒服地坐在我旁边,和我讨论他在网上做的事,并问我一些问题,"赖利对我说,"我认为,关闭网页或让孩子自己解决,这是错误的做法,因为每个孩子最终都会自己想办法解决，此时此刻，他们可能缺乏必要的指导，不能正确地思考数字技术。"

赖利的直觉与科技作家兼研究员亚历山德拉·塞缪尔（Alexandra Samuel）的工作成果完全一致。塞缪尔花了两年的时间对家庭如何管理数字技术进行调查，收集了一万多名北美父母的数据。她的研究显示，在引导孩子上网方面发挥积极作用的父母（她称其为"数字导师"），他们的孩子与数字技术的关系最健康、最平衡。另一方面，她发现那些专注于尽量减少孩子使用数字产品时长的父母（她称之为"数字限制者"），他们培养出的孩子往往会在网上做出有问题的行为。正如塞缪尔解释的那样："他们接触色情或在网上发表粗鲁或敌意言论的可能性是'数字导师'的孩子的两倍；他们上网冒充同学、同龄人或成年人的可能性是其他人的三倍。"

塞缪尔把"让孩子们远离数字技术的做法"与"单纯禁欲的性教育"进行了比较，结论是：这两种策略都没有效果。虽然她承认，数字限制者成功地培养了孩子们面对面交流的能力，但她相信，这些孩子仍需要将这些线下技能与线上生活联系起来。

线下技能与线上生活

这些年来，我走访了几十所"无科技"学校，这些学校从六年级开始就为学生提供"网络公民"课程，专门帮助他们将面对面的能力与网上生活联系起来。我相信，像这样的孩子，有机会在线下磨炼社会技能和文化能力，然后在网上学习如何运用这些能力，所以，他们能够很好地应对数字世界的必然压力，比如，不友善的短信，没有得到很多"点赞"的帖子，陌生人的主动请求，怂恿他们发性感图片的请求，网上分享的侮辱性照片，或者一连串的脏话。我敢拿一切来打赌，如果有机会开发引导更多孩子上网的能力，那么，成年人最害怕的网络问题（比如网络霸凌和色情短信）将会消失。可是，如今，即使是很小的孩子，花在屏幕上的时间也比花在人身上的时间多。那些在学校不使用电子设备的孩子仍然可以在家里使用，或者在朋友家里使用，或者在祖父母家里使用。有些人甚至躲在公共卫生间里使用，因为他们知道在那里他们可以偷偷围着朋友的手机连接 Wi-Fi。（真人真事！）即使是最善意的、没有电子产品的家庭或学校也存在于一个联网的世界里。

因此，在孩子还小的时候限制使用网络，让他们发展社会技能和文化能力，这可能是理想的情况，我们必须适应一个非理想的世界。孩子们必须通过适当的方式接触数字技术，最好是通过父母接触它们。如果父母不做这样的技术指导，孩子们将在没有成人榜样或必备指导的情况下努力寻找巨大的数字空间。或者，更糟糕的是，当他们发现数字技术的时候，可能会"大吃禁果"。这种情况我见过太多次了，不过，下面有一个向孩子介绍数字技术的更佳方式。

"数字坡道"

帕蒂·康诺利是长期就职于华德福学校的教育家兼导师，她也认为有一个向孩子介绍数字技术的更佳方式。"小孩子在屏幕上看到父母，他们当然也想使用屏幕，"康诺利说，"如今，屏幕有太多积极的用途，一定会找到向儿童介绍屏幕用途的健康方式。所以，为什么不把我们的注意力放在积极的方面，帮助孩子学习如何以积极的方式使用屏幕呢？"

几年前，我和康诺利开始讨论拒绝数字技术说的荒唐之处，转而研究如何通过使用"数字坡道"（digital on-ramps）缓慢而恰当地引入数字技术。就像高速公路入口的缓冲坡道为车辆提供了一种安全的方式来达到加速交通的效果一样，数字坡道为数字世界入口的"高速公路"提供了同样的方法。

至今，我们已走访了很多学校，讨论了这种"缓冲科技"的方法。我们发现，父母喜欢追究向孩子介绍数字技术的具体时间、方式和内容。他们可以根据孩子的年龄和发育阶段,适当地"缓冲"而不是"抑制"其天生的好奇心。此外,关注数字技术的积极用途(与亲人联系,学习新事物,激发创造力)会培养孩子积极的上网习惯,并能将这种习惯持续一生。

下面有一些"数字坡道",可能会帮到你的家庭:

适用于 0~12 岁儿童的"数字坡道"

年龄	内容
0~2 岁	与亲人视频,孩子坐在家长膝上,并且家长要负责解释。
3~6 岁	共同观看教育内容,家长负责解释。 一起给朋友和家人写电子邮件。 一起给亲戚朋友发短信和照片。
7~9 岁	一起玩适合儿童的电子游戏。 一起寻找和使用创意性的应用,比如绘图应用。 坚持记在线笔记、食谱、作业提醒,等等。 如果你和家人一起旅行,请写电子日记,把你拍的照片或视频发到网上。
10~12 岁	一起做学校调查。 帮助孩子在网上追求他们的校外兴趣。 在网上寻找家庭作业辅导视频来帮助他们完成功课。 告诉他们(或让他们告诉你)如何下载和阅读电子书和音乐。

这些"数字坡道"还有另一个用途。从第一天开始,你就参与到孩子的网上生活中来,你已经让自己成了"孩子身边的向导",当网上的事情变得混乱或不舒服时,你能守在他们身旁。

请根据你自己的家庭随意调整这些建议。请记住,有些孩子会比其他孩子对数字技术更感兴趣,有些家庭希望孩子或多或少地接触数字技术。关键是,拒绝数字技术不仅是不可能的事,还会让孩子撒谎、躲藏,或者对即将到来的数字世界毫无准备。

社会技能的第一性

无论你选择何时或如何向你的孩子介绍数字技术，请记住一件事：永远不要让数字技术妨碍孩子发展社会技能和文化能力，这是网络世界对其用户的要求。要记住这一点，最简单的方法就是你家可以模仿艾琳·赖利家立一条简单的家规："我儿子0~5岁时，我们的家规是：先看人，再看屏。这个年龄的任何孩子都能听懂两个简单的词组。他知道，如果家里有人说'先看人，再看屏'，也就是说'放下屏幕，抬起头来'，提醒他'注意听我说，我在和你说话，而你忽略了身边的人，因为你一直盯着屏幕看'。"

如今，赖利的儿子14岁了，他还记得并熟知这个家规。它帮他在数字技术的陪伴下健康成长和掌握必备的生活技能，让他成为一个多才多艺的好少年。

数字教育的两个基本要素

现在，你知道，"人类"技能对你的孩子（网络公民）的未来有多重要了。如果你想保护你的孩子安全上网，就得采取实际行动，它囊括了两个决定性的基本要素：伦理思考和同理心。两者都是培养孩子与数字技术建立健康关系的关键因素。

伦理思考

"合乎伦理的行为"应该是我们首要关心的问题。它是一种能力，可以帮你寻找正确的事和做事的正确方式。

——马克·普伦斯基《数字原住民》（*Teaching Digital Natives*）

你的孩子在网上做的每一件事几乎都会涉及伦理思考。细想一下以下的情景吧：

- 你年轻的女儿正在彻夜狂欢,她考虑要不要在社交网站上发布一张照片,这样即使没有被邀请参加聚会的女孩也会看到。
- 你儿子正在写历史课的报告,他在网上找到了一篇文章,他想把这篇文章复制并粘贴到他的论文上。
- 你10岁的女儿正在玩一款多人游戏,其他玩家会说脏话,但她觉得在游戏里这样做也没什么不行。
- 有一部你的孩子们非常想看的电影,他们可以在一个"免费"视频网站上找到。
- 为了注册某平台账号,你9岁的孩子必须谎报年龄。
- 你家的少女第一次谈恋爱,她的新男友想让她给他发一张衣着暴露的照片。

大多数孩子在十二三岁之前都没有足够的能力来思考这些太过真实的场景对自己或他人的影响。这就是为什么许多孩子在网上犯了错误,日后通常会后悔。

伦理思考的发生过程

伦理思考是:站在他人的角度,意识到自己在所属团队中的角色和责任,并反思自己的行为对整个团队造成的更加全面的好处或害处。如今我们对伦理思考的了解,主要归功于两位研究认知和道德发展的杰出人物:让·皮亚杰(Jean Piaget)和劳伦斯·科尔伯格(Lawrence Kohlberg)。

虽然科尔伯格主要关注道德发展,但他的理论基于皮亚杰的认知发展,皮亚杰开发了大家公认的最全面和最令人信服的儿童智力发展理论。他研究了儿童如何玩游戏,以了解他们是如何形成对与错的感觉。他观察到,儿童在认知和道德方面的发展分为4个不同阶段:

- 感知运动阶段。从出生到两岁,婴儿通过自己的直接行动、感觉和情感来体验外部世界。在这个阶段,自由玩耍、对实物的操作、与看护人的互动是健康的认知和运动发展的基本要素。
- 前运算阶段。从 2 岁到 7 岁，孩子们可以解决一步逻辑问题，他们开始使用符号和内心意象来思考。然而，他们在推理、长远思考或预测自己的行为后果的能力上有很大的局限性。他们大多以自我为中心。
- 成形阶段。从 7 岁到 11 岁（童年中期），儿童开始发展系统思考的能力，但仅限于引用具体物体和活动。他们开始意识到别人也有自己的独特视角，却不能准确地猜测别人正在经历的体验。
- 正式阶段。从 12 岁开始，孩子们最终发展出逻辑思维和抽象思维的能力，这是进行伦理思考所必需的能力。在成形阶段的孩子可能知道自己的行为有后果（已经被告知了），而在正式阶段的孩子则会意识到自己有关道德和伦理问题的决定也有后果。

父母在将一个联网设备交给孩子之前，很有必要了解一下这些阶段的知识。虽然孩子们得到第一部智能手机的平均年龄是 10 岁，但 7~11 岁的孩子还处于思考的成形阶段，因此他们不太可能完全理解一条不友好的短信或一张不讨人喜欢的照片会对另一个人产生的影响。孩子们在网上做一些轻率的事情并不是他们的错。他们用一种完全以自我为中心的世界观开始自己的人生，无法理解别人的观点或感受可能与自己不同。值得庆幸的是，孩子们在思考发展的过程中会慢慢地从这种心态中走出来，但是这种自我中心主义的感觉甚至会持续到正式阶段（青少年时期）。

科尔伯格对皮亚杰的道德发展理论进行了进一步的发展，这一理论包括三个阶段：前惯例（preconventional）、惯例（conventional）和后惯例（postconventional）。他认为，在通常持续到 9 岁的前惯例阶段，孩子们只能作为孤立的个体进行推理，而不是作为"社会的成员"在思考。在 10 岁到 15 岁之间，当孩子们进入惯例阶段时，他们开始相信，人们不会辜负社会的期望，并且"品行端正"。在完成这一阶段的学习后，小孩子终于有了认知能力，能够将自己视为"社会的公民"。科尔伯格的道德发展理论的最后一个阶段，即后惯例阶段，包含了抽象思维的上层领域。他认为，虽然早在12岁时孩子们就可以进入这个阶段，但有些人永远无法达到道德思考的顶点。（如果你需要这方面的证据，可以快速浏览一下推特网。）

理解伦理思考慢慢展开的方式，有助于我们理解许多年幼的孩子在诸如上述伦理情景中进行推理的困难度。简单地说，这些情况超出了儿童的认知能力。于是，问题出现了：为什么有这么多的孩子上网？

我有机会听到约瑟夫·切尔顿·皮尔斯（Joseph Chilton Pearce）在几年前（也就是他去世前不久）谈到这个话题。皮尔斯是一位多产作家，写过许多关于人类发展和儿童成长的书籍。下面是他的总结：

我们必须鼓励孩子们先培养思考的能力，然后再给他们电脑。在那之后，他们会前途无量。但如果你在孩子的思维过程形成之前就接触了电脑，那你就是在制造灾难。这是因为，正如皮亚杰所指出的那样，人生的前12年是用来构建知识结构的——使年轻人能够掌握抽象的、隐喻的、象征性的信息。抽象思维能力的发展是数百万年来自然成形过程的结果。

年龄很重要

虽然数字技术改变了世界，但它并没有改变孩子们充分利用技术的时间。这就是为什么社交媒体的年龄限制很重要。从照片墙到快拍网、脸书（Facebook）等几乎所有社交网络都要求用户至少年满13岁才能注册账户。虽然我很乐意告诉大家，社交媒体网络之所以要求这样做，是因为它们想给孩子们一个机会，让他们发展自己的伦理思考能力，但这并不是真正的原因。事实上，是因为社交媒体网络必须遵守《儿童上网隐私保护法》（Children's Online Privacy Protection Act，COPPA）。

COPPA 于 1998 年通过，保护所有 13 岁以下的儿童。该法案要求网站和在线服务运营商在收集孩子的个人信息（如姓名、地址、电话号码和网名）之前提供通知并获得孩子父母的许可。各个公司不可以收集能够识别孩子所处街道地址的地理位置数据，或者存储任何包含孩子的图像或声音的文件。任何能够识别孩子正在使用的东西，比如，储存在用户本地终端上的数据（cookies）、IP 地址或移动设备的唯一设备标识符（UDID），都受到 COPPA 的限制。

当为 13 岁以下儿童创建社交网络账户，或是当儿童编造虚假出生日期时，这项联邦法律不能保护他们的个人信息不被第三方收集和共享。然而，10~15 岁的孩子的父母中有 60% 表示，他们会允许孩子假装自己更大，以绕过这些年龄限制。

同理心

从一开始就培养同理心比以往任何时候都重要，因为孩子们需要这种品质。
——梅琳达·盖茨

最初的网络事件是旅程学校"网络公民"课程的催化剂，多年之后，又发生了另一起轻微的社交媒体违规事件。这一次，一个七年级的男孩在 YouTube 频道上发布了一个视频，嘲笑一个在现实生活中取笑另一个男孩的女孩。这是跟风吗？这个视频体现了对被嘲笑的女孩的冷漠和对被取笑的男孩的共情，这样的矛盾混合体是中学社会生活混乱和复杂的典型特征。很多人都看到了这段视频，这立刻引起了老师的注意，并希望在课堂上讨论。他们希望避免这一事件升级为让"父母抓狂"的网络霸凌指控。

第二天，当我们在"网络公民"课上讨论这件事时，学生们丰富的同理心给我留下了深刻的印象——不仅是为了那个被取笑的男孩和那个被嘲笑的女孩，也是为了那个发布视频的"恶霸"男孩。"我们都有过这样的经历，犯了错误又后悔，"班上一个女孩对上传视频的男孩说，"我们原谅你，让我们忘掉过去，继续前行吧。"他们做到了。

谈论孩子们在现实生活中的网络活动，可以帮助他们处理仍在摸索的人际关系。可惜，没有多少学校甚至家庭从中学生繁忙的一天中抽出时间来做这件事。

培育同理心的必要

我在写这本书的时候，几乎每一位与我交谈过的专家都说，如果他们能让孩子们拥有一种数字超能力就好了，他们指的就是同理心。同理心是换位思考的能力，包含不同的思考角度，让你感受他人的感受。教育心理学家米歇尔·博尔巴（Michele Borba）是《温暖的孩子更成功》（*UnSelfie: Why Empathetic Kids Succeed in Our All-About-Me World*）一书的作者，这是父母教育善良孩子不可或缺的指南，书中解释了同理心是"成为快乐的、成功的、适应力强的成年人的基石。它使我们的孩子更可爱、更长寿、更有良知、更有工作能力、更有适应力，并成为更好的领导"。

同理心正在急剧下降。根据同理心研究显示，从1979年到2009年，美国大学生的两项同理心指标下降了40%，其中降幅最大出现在2000年以后。在同一时期，自恋的人数呈上升趋势。

我很好奇，想知道2009年（这项研究的最后一年）以后，同理心是否持续下降，所以我问了博尔巴。她告诉我，这个指标会"继续直线下降，而且，在竞争异常激烈的国家和那些数字技术含量更高的国家，下降的速度似乎更快"。

进行同理心倾向研究的密歇根大学（University of Michigan）社会研究所的萨拉·康拉斯（Sara Konrath）和爱德华·奥布赖恩（Edward O'Brien）也认为，数字技术可能会导致同理心下降。根据奥布赖恩所说："当人们不想回应他人的问题时，网上交友的便利可能会让人们更容易不予理睬，这种行为可能会延续到线下。"这两位专家还指出，他们研究的这一代大学生是伴随着电子游戏长大的，而且越来越多的研究表明，接触暴力媒体会让人对别人的痛苦麻木不仁。

即便如此，博尔巴还是提醒我要小心应对，不要把同理心完全寄托在数字技术上。"但话虽如此，数字技术确实发挥了作用，因为通往同理心的大门是情感素养。"她解释说，"情感素养是一种能力，能够帮助一个人读懂另一个人的面部表情或肢体语言，并理解其难过或悲伤的心情。同理心是指对另一个人的感觉，你只有读懂或理解一个人的情绪，才能对他产生同理心。"

就像伦理思考一样，同理心能力随着孩子的成长而增长。当婴儿对父母或看护人感到依恋时，就播下了同理心的种子。博尔巴解释说："随着自我中心一点一点地消失，以及社会中心的出现，孩子们变得更能意识到他人，并慢慢地能够从认知上理解他人。"但孩子们需要体验，需要成年人的贴心栽培，让同理心的种子茁壮成长。她说："虽然孩子天生就具备同理心，但也需要成年人的努力培养。意向性很重要，尤其是在这样一个重视模范的互联网世界里。"

培养同理心的关键

就像几乎所有与数字技术相关的事物一样，同理心的减少和数字技术之间并没有直接的联系。不必斥资巨额邀请火箭科学家，也能发现数字互动存在一些严重的缺陷。比如，缺乏眼神交流、面部表情、人际接触和语音语调，等等。建立同理心，首先要学习如何阅读和理解这些暗示。如果没有这样的实践，孩子们最终可能会缺乏同理心，这不足为奇。不相信我的话吗？下面有一项研究可以证明这一点。

2014年，加州大学洛杉矶分校的科学家研究了两组来自南加州公立学校的六年级学生。其中一组在洛杉矶郊外的一个自然营地住了5天，那里不允许学生使用数字设备。另一组学生像往常一样使用数字设备。仅仅5天的时间，前一组学生在阅读面部表情和非语言暗示的能力上有了显著地提高。这意味着使用数字设备的孩子不太擅长解读人类情感。

根据这项研究的首席专家耶尔达·尤尔（Yalda Uhls）的说法："如果不练习面对面的交流，你可能会失去重要的社会技能。"

在网络时代培养孩子的同理心

如何在网络时代培养孩子的同理心？根据博尔巴的说法，这事宜早不宜迟。"第一，放下你自己的手机。人际关系是关键，同理心来自与孩子面对面的交流。"她建议父母们做以下事情：

- 设置不联网的家庭交流时间。
- 教孩子看着别人的眼睛。博尔巴说："这会帮你教孩子注意与之说话的人的眼睛颜色。"
- 谈论情感。在孩子的每个年龄段，你都要重视这个问题，尤其是孩子还小的时候。
- 观看充满情感的书籍和电影。她说："建立道德想象力的好方法之一就是替别人着想。"
- 利用吃饭、就寝和拼车的时间与孩子进行情感交流。

博尔巴说："记住，为人父母是没有退路的。"所有这些活动将帮助你的孩子在一个广泛联网的世界中获得面对面交流的沟通技巧。

"网络公民"课堂活动

讲故事

我们就是我们自己故事的主角。

——丹尼尔·平克《全新思维》

在数字时代教授儿童新技能，最有效也是最简单的方法之一就是讲故事。故事是人类理解混乱世界的常用方式。故事激励着我们，指引着我们，娱乐着我们，抚慰着我们。在《全新思维：决胜未来的6大能力》（*A Whole New Mind:*

Why Right-Brainers Will Rule the Future）中，作者丹尼尔·平克（Daniel Pink）提出，现在比以往任何时候都更需要理解和讲述故事（那些关于我们自己和我们告诉自己的故事）的能力。帕梅拉·路特里奇博士同意这一观点，她在《今日心理学》（*Psychology Today*）中写道："故事是调动我们右脑和激发我们想象力的途径。故事激发我们的想象力，我们成了故事的参与者。我们可以跳出自己的立场，用不同的眼光看问题，增加对他人的同理心。我们通过想象进入创造力，这是创新、自我发现和改变的基础。"

即使是孩子也明白故事的力量。只要看看他们使用的应用程序中最喜欢的功能就知道了。快速浏览一下 YouTube 网站，你会发现无数的视频都是由脱颖而出的讲故事者精心制作而成的。我从我年轻的助手那里得知，孩子们会偷偷在 Ins 上讲故事。他们按一定的顺序上传照片，或者共享一个互补色系，连起来观看这些图像，就形成了一个更大的画面或故事，非常引人入胜。

给孩子们讲故事，尤其是给小孩子讲故事，就相当于一个无比轻松的"数字缓坡"。这就是旅程学校的老师在我们的学生心中播下早期数字素养的种子的途径。从孩子们进入幼儿园温暖舒适的教室那一刻起，他们就沉浸在充满道德教育的故事中——从最低年级的童话和寓言，到长大后的北欧或其他民族的神话故事。在外人看来，这可能看起来不像数字素养，但其实就是数字素养。大量富有想象力的故事和道德教训帮助孩子们建立理解力和同理心，当他们开始接触无数有着不同世界观、看法和表达方式的网络陌生人时，就需要故事了。况且，老实说：谁不喜欢好故事呢？

你可以这样做：

1. 用传统的方式讲故事，比如读纸质书或凭记忆复述，或者在数字设备上阅读电子书。不管你怎么做，一定要选择有强烈个性和道德教训的故事。你可以从自己最爱的一些古老故事开始，比如《伊索寓言》（*Aesop's fables*）中的《龟兔赛跑》（*The Tortoise and the Hare*）突出毅力和谦卑的重要性；《蚂蚁和蚱蜢》

(The Ant and the Grasshopper）表达个人责任的伟大性；《诚实的伐木工》（The Honest Woodcutter）教导我们，诚实才是上策。

2. 关于你讲的故事，不要问孩子太多问题，也不要询问他们的分析或判断。要让你的道德课渐渐地深入孩子内心。鼓励你的孩子给故事画图画，或者更好的是和他们一起扮演故事中的角色，帮他们建立道德形象。正如旅程学校的教育主管雪莉·格雷泽-凯莉所指出的那样，年幼的孩子还不能进行道德推理或抽象思考，所以需要通过别人来吸取道德教训。这就是为什么我们讲故事或阅读的书中有这么多角色——无论是人、动物，还是其他——都有问题要解决。这比分辨是非的成年人要强大百倍。随着年龄的增长，他们会吸取这些教训，特别是当他们上网的时候。

发送电子邮件

作为一名中学教师，令我最惊讶的发现之一就是学生对电子邮件礼仪知之甚少。有时我让学生们给我发电子邮件汇报家庭作业情况，结果，我惊呆了——他们的邮件中没有称呼，还掺杂着"火星文"，电邮地址也荒唐可笑。我想知道，他们还要多久才会因为自己不懂得写电子邮件而感到尴尬？

我记得，当我还是个孩子的时候，在写一封信的过程中会经历许多艰辛的磨难。尽管今天的孩子可能永远不会写或邮寄一封实体信件，但他们会写成千上万封电子邮件或其他电子信件。雇主、老师和商业伙伴都希望看到合适的文章、正确的拼写，以及不乱开玩笑和乱加入表情符号的句子。你可以在孩子小的时候教他们这项技能，因为你同时也展示了如何使用数字技术以一种有意义的方式与他人联系。

向孩子介绍电子邮件最安全的方法之一是通过专门为他们设计的平台。布列塔尼·奥勒（Brittany Oler）是提供这种服务的儿童邮箱（KidsEmail）的联合创始人。她解释说，虽然儿童邮箱的工作原理与谷歌邮箱（Gmail）等常规电子邮件客户端类似，但它也提供了家长喜欢的安全功能。"我们不让孩子看到不适当的信息或垃圾邮件，"奥勒说，"父母的一切沟通方式都可以被子女复制。也许父母最喜欢的方式是建立一个通讯录，让孩子只能通过电子邮件联系，比如爷爷、奶奶或几个被精挑细选的朋友。这是让孩子们在一个安全的环境中开始使用数字技术与他人交流的好方法。"

无论你决定借助儿童邮箱还是直接使用谷歌邮箱向孩子介绍电子邮件，都可以按照以下步骤开始：

1. 为你的孩子开一个电子邮件账户。现在解释一下，为什么她应该选择一个不会让她在10年后尴尬的电子邮件账户名称。例如，marydoe@gmail.com（玛丽·多伊）比marygoesbananasformonkeys@gmail.com（玛丽给猴子带来了香蕉）更好。

2. 和孩子一起建立一个通讯录。考虑一下，你希望让他与自己的哪些亲戚或朋友联系。

3. 教孩子如何写邮件。告诉他们如何在主题栏中键入邮件主题。教他们如何写完整的句子，并告诉他们应该正确拼写单词和使用正确的语法。最后，教他们如何称呼一个成年人(亲爱的某先生或某女士)，以及如何落款("谨致问候"或"热情问候"都可以)。因为现在有太多孩子在使用电子邮件之前就开始发短信了，所以，公认的短信中的"恰当措辞"——缩写和俚语——正在渗入电子邮件中。比如，玛丽上高中了，她给英语老师发邮件解释她迟交作业的原因，如果使用缩写和俚语，那就不太受欢迎了。

4. 让你的家人和朋友成为你孩子的电子邮箱中的好友。儿童邮箱公司建议来点儿有趣的：鼓励这些好友向你的孩子发送要其查找的东西清单（例如：树、花、红笔）。让你的孩子给这些物品拍照，并把照片通过电子邮件发给好友。这样，孩子们可以学会如何写和发送合适的电子邮件，以及如何添加附件。

"电子邮件有很多有趣的事情可以做，"奥勒说，"但最重要的是，这是向孩子介绍阅读和写作的好方法。即使在数字技术平台上，也需要这些基本技能。"

随机的网络善举

在网上教孩子如何做一个善良的人，永远都不嫌早。在他们年轻的时候，发掘他们天生就会体恤他人感受的本性，并向他们展示如何在网上表达这种善意。一个简单的方法是向孩子们展示你如何在网上表达善意，如支持你喜欢的企业，评论你读过的好书，或者发布一些让人微笑的东西。请参考下面的一些想法：

1. 你和家人最近有没有在一家为你们提供丰盛大餐或优质服务的餐厅用餐？你有真正喜欢住的酒店吗？你是否拜访过当地的一家企业，发现老板非常乐于助人？如果是这样，和你的孩子一起上网，给这些机构或服务一个好评。向你的孩子解释，当你给一个机构或服务好评的时候，你的体贴善良的行为就能帮助这些企业获得更多的客户和业务。

2. 如果你和孩子一起读了一本你们喜欢的书，给这本书打个分，告诉作者你们有多喜欢它。向你的孩子解释，当其他人看到你的好评时，他们可能也会决定买这本书。

3. 最后，当你的孩子越来越大的时候，让他们看到你滚动浏览照片墙或脸书，点赞朋友或亲戚的照片，或者讲述正能量故事或传播善意信息的帖子。向你的孩子解释，你的"点赞"等同于投票——它告诉网络世界，你赞同这些正能量的照片或信息，并将这些积极信息传播到四面八方。

— 第二部分 —
数字时代养育孩子的
四大关键

第三章　数字声誉

获得美誉的方法是努力成为你想要成为的人。

——苏格拉底（Socrates）

哈佛大学是世界上最负盛名的大学之一，也是最难考取的大学之一。想象一下，一个学生想要获得这所久负盛名的常春藤盟校的录取通知书，就得付出艰苦的努力，并且拥有奉献精神和过人的智慧。这确实是了不起的成就。再想象一下，一个孩子失去了来之不易的认可，原因只是曾经少不更事的他犯糊涂在网上发布了一些东西。那不是很令人心碎吗？

这就是2017年春天发生的事情。哈佛大学取消了对10名新生的录取通知，原因是这些年轻人在脸书的一个私聊群里发布的信息。没错，那就是前哈佛学生马克·扎克伯格（Mark Zuckerberg）在宿舍里创建的社交群。

这一切都始于2016年末，当时，校方在脸书上为入学新生新建了一个"哈佛大学2021届新生群"。一些学生退了群，成立了一个私聊群，分享关于流行文化的表情包。从那里又分裂出另一个私聊群，该群自称是"世俗少年的哈佛表情包"（Harvard Memes for Bourgeois Teens），然后取名"首席败类"（General Fuckups）。如果有学生想进入这个群，就得发布他们能想到的最具攻击性的表情包。

你想知道什么是表情包吗？那其实是一种滑稽好笑的配图或图片。通常发表情包是无害的，这些视觉图像拿日常生活或事件开玩笑，是当今互联网上流行的一种交流方式，尤其是在年轻人中盛行。表情包也很容易分享，最有趣的表情包往往很快就会广为流传。年轻人是制作和分享表情包的专家。他们貌似不太明白，他们发布这些表情包的平台上不存在隐私这回事。正如我经常告诉年轻学生的那样，网上没有隐私。我把这句话重复了很多遍，以至于到八年级结束的时候，学生们都渴望上高中，这样他们就能远离我的唠叨了！但在我看来，孩子们总是听得不够多。遗憾的是，似乎没有人花时间对这些如此聪明、差点儿就成为哈佛学生的人说这句话。

据《哈佛深红报》（*The Harvard Crimson*）（故事发生的地方）报道，这个私聊群中的学生分享的内容包括：

- "恶搞性侵、大屠杀和儿童死亡的表情包及其他图片"。
- 暗示"虐待儿童是性唤起"的笑话。
- "针对特定的民族或种族群体"的调侃。
- "假设一个墨西哥小孩戳破皮纳塔①时"的表情包。

由于对这些帖子感到震惊，其他潜在的学生向哈佛的管理人员报告了这个私聊群。一周后，在私聊群中发布这些表情包的10名学生被取消了入学资格。

朋友们，这是我们集体的失败。

这是忽视教育第一代出生并成长在数字时代的学生的结果，他们的线上行为可能会有严重的线下后果。

高校对学生网络声誉的关注

孩子们在网上发布的内容以及别人发布的有关他们的内容（事关他们的

---

① 皮纳塔是一种纸质装饰物，内装糖果，聚会时吊起供人用棍子击破。——译者注

数字声誉）越来越多地影响着他们的未来。根据最近卡普兰考试培训学校（Kaplan Test Prep）的一项年度调查显示，超过2/3的大学（68%）表示，这是公平的做法——高校通过访问申请者的社交媒体资料来帮助决定录取谁。近1/10的受访高校表示，他们曾因为在网上发现的东西而取消了一名新生的录取通知。

相反，根据卡普兰早些时候的一项调查，在那些确实会查看潜在学生的社交媒体网站的招生人员中，47%的人报告说，他们找到了帮助潜在学生留下积极印象的信息——而去年这一比例为37%。他们发现对申请者录取机会有积极影响的因素包括以下几点：

- 另一个获奖的学生在自己的个人主页上放了一张她和校长一起拍的照片。一位招生官员说："很高兴看到这张照片。"
- 一位年轻的女生和她的母亲创办了一家公司，招生官员说："访问她们的网站是件很酷的事。"

即使在招生过程中查看社交媒体不是高校的官方做法，但高校的个人人员可能会这么做。佛蒙特大学（University of Vermont）招生执行主任贝丝·韦泽（Beth Wiser）告诉美国有线电视新闻网（简称CNN）的记者，她所在的学校不审查申请者的社交媒体，这是学校的政策。但她补充说："如果一个学生附上了网页链接、YouTube账户或社交媒体平台，那么，该应用程序的读者可能会查看该链接。"韦泽分享了一个女学生的例子，她对有机园艺很感兴趣，想在大学主修食品系统专业。在网上，她展示了自己在这方面做的工作，然后在应用程序中分享了链接。韦泽告诉CNN记者凯莉·华莱士（Kelly Wallace）："这确实显示了她的参与度，她真的很好地考虑了她未来的计划，以及大学的学术课程如何与她已经在做的事情完美契合。"

越来越多的高校、雇主、房东、宠物收养机构，以及几乎所有人，都在通过社交媒体了解他们想要录用的学生、雇用的员工、出租的房客、接纳的委托人或需要更深入了解的对象。因此，对于年轻人来说，从他们第一次在网上冒险的那一刻开始，就很有必要在建立和维护自己的数字声誉时做出明智的决定。

打造积极的数字声誉

艾伦·卡兹曼（Alan Katzman）是居住在纽约市的一名律师，他的工作和热情在于帮助年轻人建立积极的社交媒体形象。卡兹曼早年的大部分职业生涯都在几家数字技术公司担任内部法律顾问。他曾与一家公司合作，该公司拥有一个调查部门，雇用了联邦调查局（FBI）、特勤局（Secret Service）和纽约警察局（NYPD）的前探员，他们善于发现任何人的任何事情。卡兹曼观察了他们在想了解更多关于调查对象时是如何利用社交媒体的。他们不需要搜查证、特别调查工具，或者获得他们所需信息的专有权限。这些都可以在网上免费获得。

"这对我来说太新鲜了，"卡兹曼告诉我，"如果有人声称自己身无分文，无力偿还债务，却在脸书上发布了自己新买的保时捷（Porsche）照片，调查人员就由此掌握了一些需要的信息。这引起了我的兴趣。"

卡兹曼认为，肯定还有人也在利用社交媒体审查他人。进一步研究他发现，高校和雇主们都在网上更多地了解申请人。"当时流行的专家建议是，学生最好把社交媒体完全从个人简历中移除。在'不要让社交媒体毁了你的未来'的指引下，专家们强烈建议学生在申请大学或找工作之前关闭、删除、使用化名，或者干脆清理社交媒体。"卡兹曼说，"我觉得这个建议目光短浅，而且设想很消极。如果高校和雇主希望更多地了解申请人，那么，理所当然的是，他们应该教申请人发布内容翔实的内容来讲述自己的故事。"

虽然卡兹曼看到了一个潜在的商机正在形成，但他还没有准备好放弃自己的日常工作去追求自己的直觉，直到一个下雨的星期天，他说服了他的一个女儿（当时是一名高中二年级学生）帮他打扫地下室。在打扫的过程中，她发现了父亲年轻时的一箱黑胶唱片。

卡兹曼告诉我："当我让她相信，那些黑色的碟片确实能播放音乐时，她坚持要我把我的旧立体声系统安装好，这样她就能听音乐了。我照她说的做了，她简直不敢相信模拟音乐在她那接受过数字训练的耳朵里听起来有多棒。"几天后，她问父亲，她是否可以开通一个博客。"这是我第一次听到'博客'这个词，"卡兹曼说，"她是先说服我，写博客很安全，我同意后，她才把她的想法告诉我。"

她的想法是研究每一张唱片——它是什么时候发布的，以及当时世界上发生了什么——然后写一篇博文。大二时，她写了6张唱片的博客，第二年又写了8张唱片的博客。尽管大四生活让她分心，她还是又写了几篇博客。

时光如梭，转眼5年过去了。威斯康星大学麦迪逊分校（the University of Wisconsin–Madison）三年级学生——卡兹曼的女儿收到了一封来自索尼音乐子公司工作人员主动发来的电子邮件。发信人希望雇用一名学生，为索尼合约下的乐队做前期工作，这些乐队将在麦迪逊地区演出。他在领英（全球知名职场社交平台）上找到了卡兹曼的女儿，并通过她的个人资料链接找到了她的音乐博客。看了博客之后，他知道她是这份工作的最佳人选。

"那时，我明白，关于'社会保障'将是什么的想法，我需要加以实施，"卡兹曼告诉我，"我意识到，学生们需要知道，社交媒体是一种很好的方式，可以给那些对未来做出重要决定的人留下积极的第一印象。我也从我女儿的经历中得知，真实而明智的数字内容可以打开机会之门。"

卡兹曼的计划是向高中生和大学生展示如何利用社交媒体向大学、研究生院、奖学金委员会和雇主展示他们的技能、兴趣、才能、成就和志愿服务。这就是卡兹曼今天通过社会保障提供的服务，这让他很忙。

建立数字声誉的必要性

虽然卡兹曼帮助孩子们利用社交媒体来展示他们的爱好和才能的想法听起来很棒,但似乎也有很多工作要做。当我问卡兹曼这个问题时,他回答说:"我仍然感到奇怪的是,这么多家长坚持认为,分数、考试成绩、一篇500字的感人短文、丰富的课外活动和大学预科课程会让他们的孩子进入最好的学校,而这些学校却更重视品格、服务和承诺。真正的家庭和社区服务、积极参与一项活动或事业、承诺、公民身份和适应力的故事,让学生能够从所有合格的申请者中脱颖而出。社交媒体是一个完美的平台,可以将这些故事直接发送到招生官员的桌面上。"

然后,卡兹曼给我讲了高中生杰克的事:"他的成绩稳定,可如今,这不足以确保他被最挑剔的学院和大学录取。"

不过,杰克有一个故事。他从8岁起就开始拉中提琴,并在初中和高中一直坚持不懈,还与学校和社区管弦乐队一起演奏。杰克知道,他不能错过一次练习或排练,因为这会对其他乐队成员不公平。他必须培养时间管理技巧来既保持自己的成绩,同时又能追求自己对音乐的热爱。卡兹曼建议杰克创建一个社交媒体账号,以便展示他对音乐的热爱和欣赏,也可以写下他所学到的重要人生课程。

"在对'通用申请表'(Common Application)的补充中,"卡兹曼解释道,"哈佛通常会询问申请人是否愿意透露尚未披露的信息。"当杰克填写这部分内容时,他分享了一个可以进入他的领英个人资料的链接,并建议招生人员访问这个链接来了解更多关于他的课外活动的信息。几周后,杰克打电话给卡兹曼,说他收到了来自领英的通知。杰克兴奋地汇报说,哈佛大学招生办的人看了他的资料。"几个星期后,"卡兹曼说,"他收到了录取通知书。"

虽然不可能知道领英资料是否对杰克有利,但卡兹曼讲的第二个故事让我相信,数字声誉管理所花费的时间和精力是值得的。

雷吉（Reggie）是一个普通的高中学生，高考成绩一般，他在整个高中期间都要在经济和情感上帮助自己的家人。到了申请大学的时候，他利用从社会保障获得的社交媒体培训来分担他必须应付的许多责任。他申请了亚特兰大地区及周边的几所大学，但他知道，除非得到可观的经济资助，否则他无法上任何一所大学。令人惊讶的是，雷吉不仅被他梦寐以求的大学录取，而且还获得了丰厚的奖学金。他的高中辅导员说，唯一的解释是，他的社交媒体形象揭示出了他的性格和他对家庭的奉献。

卡兹曼说："学习如何建立令人沉思的网络形象和发展有效的社交媒体数字技术，这是基本的生活技能。"在制订未来计划时，学生们必须了解这种形象在大学申请和工作申请过程中所扮演的重要角色。和高校一样，企业也经常通过社交媒体了解潜在员工。

雇主的重视

2017年凯业必达人才网（CareerBuilder）的一项调查显示，70%的雇主在聘用应聘者之前会使用社交媒体进行筛选，这一比例远远超过了2016年的60%。此外，3/10的雇主表示，他们雇用了专门调查求职者数字形象的人。雇主在寻找什么？包括但不限于：

- 61%的人在寻找支持求职者工作资格的信息。
- 37%的人想知道其他人在发布关于该求职者的什么消息。
- 24%的人正在寻找任何不聘用该求职者的理由。

超过44%的雇主在社交网站上找到了让他们想要雇用该求职者的内容。但超过一半的人找到了导致他们不聘用某求职者的内容。惊人的是，近60%的雇主表示，如果在网上找不到某求职者的信息，他们就不太可能打电话给他。

合理使用数字技术

在我梦想的数字天堂中，孩子们只在网上发布积极的东西，因为他们有时间和机会来学习如何安全、明智、友善地使用数字技术。接着，梦醒了，我意识到，若要把这个梦想变成现实，还有多少工作要做。

但我们正在接近目标，尽管速度缓慢。许多孩子意识到他们在网上发布的东西很重要。那些东西永远在线，任何人都可以在任何时间和任何地点看到它们。它们甚至可能在最意想不到的时候回来困扰他们。同样，父母也逐渐明白，他们必须帮助自己的孩子理解这一切。即便如此，孩子毕竟是孩子，他们会犯错误，许多人还没等到网络硬件帮助其做出正确决定就开始上网了。

尽早和尽多地和孩子们谈论数字声誉问题，这是非常必要的。许多学校通过邀请网络安全专家来解决这个问题。但这些"专家"通常不是训诫孩子，就是采用恐吓战术，这些战术要么不起作用，要么完全适得其反。若要帮助孩子理解保持积极的数字声誉的重要性，较好的方法是让他们从不同的角度体验它。

几年前，我偶然发现了艾琳·赖利在南加州大学安娜堡分校（USC Annenberg）担任亨利·詹金斯的新媒体素养项目的研究主任时所做的一节课程指南。他们的团队刚刚与哈佛大学的霍华德·加德纳（Howard Gardner）的"好好玩耍"（Good Play）小组合作，设计了一门名为"我们的空间：成为数字世界负责任的公民"（Our Space：Being a Responsible Citizen of the Digital World）的新课程。他们的课程之一是"亿万美元足迹"（Trillion-Dollar Footprint），要求学生根据一个人的数字足迹，为一个虚构的电视节目挑选一名参赛选手。这堂课后来被常识媒体（Common Sense Media）的K-12"网络公民"课程（一种优秀的资源）收录，并被中学采用。受此启发，我又改了一次，决定让我的学生假装自己是大学招生官员。我甚至让他们决定自己代表哪所大学。因为我们在加州，他们想到的大学包括斯坦福大学、加州大学洛杉矶分校和加州州立大学，这几所都是加州乃至全国最难进入的大学。接下来，学生们仔细阅读我收集的关于两个虚构申请者的网上信息（当然是编造的），然后根据这些信息来决定哪个申请者更值得获得全额奖学金。

他们首先阅读每个学生的（假）申请信。两个申请人（一男一女）描述自己并讲述自己很高的平均成绩、优秀的考试成绩，以及大量的课外活动。俩人都自称是杰出的运动员。由于不可能仅仅根据这份自我报告来决定哪一个更有价值，学生们转向搜索每个申请人的（假）数字广告牌来了解更多信息。

在此活动之前，同学们已经了解到，数字广告牌是一个人在线活动（数字声誉）的集合，通常被称为"数字足迹"。我们称它为广告牌的原因有二。第一，正如学生们向我指出的那样，足迹很容易被冲走。对他们来说，广告牌似乎更持久。第二，在信息高速公路上的每个人都能看到广告牌，它在宣传你是什么样的人。

我的学生们很快发现，两个申请人的数字广告牌的内容并不是那么引人注目。这名男性应聘者名叫戴夫（Dave），是一名很有天赋的足球运动员。他上传了一张自己在邻居家贴厕所纸的照片，还把这次恶作剧的视频传到了YouTube 视频上。此处还有报纸上的一篇文章提到了他，据说，他为了参加一次生物考试侵入学校的电脑而被抓。他所在的一个俱乐部还在脸书专页上发帖称，他因为错过太多会议而被除名。

当学生们把注意力转向女性申请者凯特（Kate）时，他们发现，她的美食博客里满是语法错误和拼错的单词。在她的照片墙订阅源上，有人指责她使用了别人的照片。她在另一篇社交媒体帖子中衣着暴露，她的名字也没有出现在学校网站的荣誉社团成员名单中。

我年轻的学生们（他们中的大多数人才刚刚开始使用社交媒体）对这两个申请者的评价非常苛刻。他们认为，两者都不值得拿奖学金。

但这一课还没有结束。学生做出决定后，他们必须回去重新查看每个申请人的数字记录。经过仔细观察，他们发现被指控进行黑客攻击的戴维与申请奖学金的戴夫不是同一个人。我解释说，在一所大学校里，两个学生有同一个姓氏并不罕见。此外，如果他们更仔细地研究我给出的信息，他们会注意到文章中的戴夫玩的是长曲棍球，而不是足球。另外，我指出，那个说他将被从俱乐部名单上除名的脸书帖子是几个月前发布的。还有一些他们忽略了的东西。

学生们也意识到，他们忽略了凯特的一些重要细节。她所在学校的网站已经有一年没有更新了，这就是为什么她没有出现在荣誉社团名单上的原因。

通常，这种仔细审查会让我的学生感到泄气。"这不公平，"他们说，"在网上很容易发生错误，即使不是你的错也闹心。另外，有时别人会发布一些关于你的假消息。"他们还说："孩子们经常在网上开玩笑。"他们想知道，大人是否知道孩子们什么时候在开玩笑，什么时候在讽刺。"大人会把这些都考虑进去吗？"他们很好奇。我的答案是什么？呵呵，别指望了。

网上信息的真实性

就像我的学生们基于粗略审查两个虚构的申请者的网络信息而对他俩做出快速判断一样，现实生活中的人也经常这样做。布拉德利·希尔（Bradley Shear），华盛顿特区一位专攻社交媒体法律的美国律师，认为这是个大问题。希尔在接受《纽约时报》采访时表示："大学可能会错误地将同名人士的账户……甚至冒名顶替者的账户——误当作申请人的账户，可能导致不公平待遇。网上的虚假和误导性内容常常被视为事实。"

作为数字盔甲公司（Digital Armour）的创始人和法律总顾问，希尔为学生、专业人士和企业客户提供有关数字时代固有的法律、隐私、声誉和安全问题的建议。"孩子们会犯错，"希尔说，"为什么这些错误要伴随他们一生呢？"

希尔告诉我，他的一个客户被世界上最负盛名的一所大学录取了，却又被取消了录取通知和25万美元的奖学金，原因是他在脸书上一个关于2016年总统大选的帖子下面"胡乱点赞"，还发表情符号。

希尔说："这个孩子设置了最高隐私。"尽管如此,一名申请者的脸书好友还是截屏了所谓的"胡乱点赞"和表情符号,并保存了几个月,然后以匿名的方式把它寄给了学校的招生办公室。学校联系了申请人,并核实了删除已久的"赞"和表情符号。随后,申请人的录取通知书和奖学金被撤销。

希尔讲的故事与我从一位在加州大学工作的招生官那里听到的故事惊人地相似。她告诉我,她收到了一封匿名信,没有回信地址,里面是一名女性应聘者的"假"社交媒体账户截图。附在照片上的说明称,这些照片是另一名准学生寄来的。上面写着:"你需要知道这个女孩的真实情况,她不像你想的那么高尚纯洁。"

"信封里装满了半裸的自拍照,截图里满是脏话,"招生人员告诉我,"我不仅不能相信我所看到的,也不能相信另一个学生会费尽心思来引起我的注意。我暗自思量,这真的是我们想要的结果吗?"

希尔告诉我:"大学、研究生院和雇主不会因为申请人缺乏健全的数字生活而撤销其录取通知。然而,他们已经并将继续拒绝申请人——如果他们在网上发现有关申请人的性格、诚信或判断力出现过问题的话。"

请告诉你的孩子,他们在网上说的或做的任何事,或其他人说的或做的任何事,都充分说明了他们的性格——至今仍然很重要。

新时代的父母

还记得那个在产房里的婴儿吗?当他的第一张照片被传到脸书或照片墙上的那一刻,他的数字声誉就诞生了。他并不孤单。他的许多同龄人的数字声誉以声波图的方式首次亮相!如今,孩子们的数字声誉在很大程度上是由最爱他们的人在他们不知情或未经他们同意的情况下建立起来的。一开始很无辜——准妈妈们渴望分享超声波检查的结果,爸爸们自豪地分享宝宝刚出生不久的照片,爷爷奶奶们则乐于分享聚会、假日、家庭聚会等的照片。所有这些加起来,不知不觉间，网络上就充满了有关这个孩子的大量信息。

思考一下：

- 92%的两岁儿童已经在网上建立了个人档案，在他们出生后的几周内，他们的照片和信息就被上传到了网上。
- 32%的父母说，他们平均每月上传11~20张孩子的新照片。
- 在孩子5岁生日之前，父母们平均会在社交媒体上发布1500张孩子的照片。
- 28%的父母说，他们从来没有想过问孩子是否介意父母在网上发布他们的照片。

我在教授网络声誉问题时，听到很多学生抱怨父母的发帖习惯。我很遗憾地告诉大家，对于那些生活在孩子们周围的"好心"的成年人多年来代表孩子们分享的照片、视频、帖子和其他东西，小家伙们一点也不开心。有时他们甚至请我为他们说情。即使我有勇气这样做（我没有），我的干预也会晚十年或更久。站在父母的立场，我告诉我的学生，他们的父母发布的关于他们的很多东西都是积极的，会帮助他们在网上给别人留下好印象。但学生们却不这么认为。他们觉得他们的数字声誉应该由自己建立，而他们被剥夺了这个权利。

晒娃狂魔

上述现象在数字时代被称为"晒娃"。在极端情况下，这些父母被称为"晒娃狂魔"（父母在网上分享孩子生活的细节）。我和苏·雪夫（Sue Scheff）——《羞耻国度：在残酷和"钓鱼"的时代选择仁慈和共情》（*Shame Nation : Choosing Kindness and Compassion in an Age of Cruelty and Trolling*）一书的作者——详细讨论了这一现象。她是大家在这个问题上寻求建议的最佳人选之一，因为发生在她自己生活中的戏剧性事件，她成了世界上最重要的数字声誉建立和管理专家之一。2003年，她成了一个恶意客户的攻击目标——散布谣言、指控和谎言，最终严重损害了她的数字声誉。雪夫在法庭上进行了反击，最终因对方犯有诽谤罪和侵犯隐私罪，她赢得了具有里程碑意义的1130万美元的判决赔偿，她在自己的第二本书《谷歌炸弹》（*Google Bomb*）中提过此事。尽管在法庭上取得了胜利，但她的数字声誉还是受到了打击，她花了多年的时间集中精力在数字领域重建声誉。如今，她不知疲倦地帮助别人避免类似的命运，更重要的是，她还就如何保持积极的网络形象问题向成年人和年轻人提供建议。

"我认为父母们应该更加注意他们都在网上分享了什么，"雪夫说，"他们需要记住的是，有了今天的技术，你永远不能确切地确定谁会看到你发布的东西，因为它会立即变得全球化。"对于那些想要上传自己孩子照片的父母，她最推荐的方法之一就是设置浏览权限。"如果你想分享你孩子的照片和视频，可以设置'家人和朋友可见'，"雪夫说，"记住，孩子们对你发布的内容很敏感。"

不仅仅是父母在网上发布关于孩子的尴尬事。孩子们也常常在网上发布一些关于他们自己的尴尬事，当然，他们会后悔的。有一天，我18岁的女儿冲进我的办公室，质问道："我八年级的时候，你究竟为什么让我在脸书上开账户？你当时都想了些什么？"我大吃一惊。我把她申请社交媒体的时间推迟到了她13岁生日，这是开设脸书账户的最低年龄，我认为我做得很好。另外，我当时看了她发的帖子，我觉得挺好的，虽然有点儿傻，有点儿孩子气。"有什么问题吗？"我好奇地问。

她正在寻找录取她的大学的潜在室友，她发现同学们会查看彼此的社交媒体账号并互相关注。多年前发布的幼稚的照片和帖子让她颜面尽失，这些照片和帖子至今仍可见，无法隐藏。即使她删除了自己发布的内容，朋友们还是跟帖了，现在这些照片出现在了她无法控制的订阅源上。"你需要提醒你的学生注意，"她告诉我，"这么小的孩子应该禁止使用社交媒体！"

使用社交媒体的最低年龄

我的女儿可能说得对。13岁的大脑可能还没有为社交媒体做好准备。尽管大多数孩子在12岁或13岁左右就可以开始形成自己的逻辑思维，然后是道德思维，但在大脑成像方面的最新研究成果表明，大脑某些区域的功能直到25岁左右才完善。大脑中最后一个完全成熟的区域是前额叶皮层，它主要负责理性思考和良性判断，这两种能力会在使用社交媒体时派上用场。如果没有发育完全的前额叶皮层，青少年就会用杏仁核或情绪来处理信息，这使他们更有可能这样做：

- 冲动行事。
- 误解或曲解社交提示和情感暗示。
- 进行危险或冒险行为。

虽然青少年可能知道在网上发布一张傻傻的自拍照可能带来的后果，但应该发出警告的大脑区域——"嘿，等一下！最好不要发布这张照片"——还没有完全运作。猜猜会发生什么？这张"不幸"的照片被上传、被分享，以后可能会回来纠缠他。

你可以试着向一个渴望使用照片墙的13岁的孩子解释一下这一点（假设你能让你的孩子等那么久）。与其与不理智的少年争论他们的非理性，还不如把我从雪夫那里学到的这个简单建议告诉他们。当你的孩子建立第一个社交媒体账户时，告诉他们去实践雪夫所说的"3C原则"：

- 行为（Conduct）。注意你在网上的行为。记住，有一个人在屏幕的另一边看着你。
- 内容（Content）。想想你分享了什么。问问你自己：这会让我或别人感到尴尬或丢脸吗？
- 体贴（Caring）。深思熟虑、体贴善良。记住，要表达对他人的同情。

谦虚自夸

为了不让自己在社交媒体上被视为自负，一些用户采取了一种名为"谦虚自夸"的策略。"谦虚自夸"是自嘲但又自我推销的发帖方式。这是一种特殊类型的自夸，试图以抱怨甚至微弱的谦卑姿态隐藏自己的优越感。

在针对这一现象的一项研究中，调查人员列举了"谦虚自夸"的例子如下：

- 我不知道我是怎么被这些顶尖学校录取的。
- 人们总是说我有多可爱。好尴尬啊！
- 总是被人推选为领导，我都累坏了。

事实证明，这些看似要给人留下深刻印象的谦虚话语，很少会引起读者的共鸣。人们会认为，那些谦虚自夸的人不真诚，不如那些直接自夸或真诚抱怨的人讨喜。

最新研究建议，如果你想在社交媒体上炫耀，请大胆地说出来！

网络行为的"永久且公开"性

理查德·格里（Richard Guerry）是我认识的工作最努力的人之一，他是"网络和手机通信责任研究所"（The Institute for Responsible Online and Cellphone Communication，IROC2）的创始人和执行主任。格里在全国各地迂回穿梭，为学生们提供信息丰富的高能讲习班，并为他没有时间去现场的学校提供点播视频。在校期间，他几乎每天都在路上，"试图帮助下一代孩子利用数字技术来改善他们的生活，而不是伤害他们自己"。2017年，他在23个州访问了225所学校。他的网站上的忙碌日程会让你们感觉累得慌。

格里讲习班的宣传口号是"公开且永久"，他称之为拥有"数字意识"的基础。他认为这样做至关重要：让下一代掌握数字技术的成年人拥有一种心态，即帮助处理任何可能出现的新技术。归结起来就是让他们记住两件事：

- 在线行为是公开的。

- 在线行为是永久的。

"我们希望我们的孩子能够参加派对、婚礼,去海边,上大学,加入男生或女生联谊会——基本上做他们父母做过的事情,"格里告诉我,"他们应该能够释放自己,活成个人样,而不必担心被别人偷拍下来,然后发布在某个地方。这意味着我们必须帮助所有的孩子明白,数字技术就像21世纪的火焰。你要把它用在对的地方,否则会闹火灾。"

格里说,孩子们在使用数字技术时必须对他人抱有同理心,这样才能控制自己和朋友的数字声誉。"这种理解和改变必须从某个地方开始,"格里说,"我想,这要从与我交谈的每个孩子开始。"

尽管有严格的时间表,格里仍然对他的工作充满热情,"特别是当孩子们告诉我数字声誉很重要的时候"。这事发生在最近,当时格里正在访问巴尔的摩的一所公立学校。一个曾在私立男校上学的男孩告诉他:"在大三和大四的那个夏天,我加入了一个所谓的脸书私聊群。我以为只有我和我的朋友,但事实并非如此。学校看到了我们发布的一些东西,我被赶了出来,现在我进了公立学校。我怎么向学校解释我为什么被我上了一辈子的学校开除,最后在大四的时候进入公立学校呢?"这个男孩含着泪对格里说,"我希望,我在去年夏天以前就听到您的演讲。"

格里说:"当一个孩子告诉你这些的时候,你看着他的眼睛,不管你有多累,这些故事都会留在你的脑海里,让你迈开脚,一步一步往前走。"

数字声誉教育的作用

就像艾伦·卡兹曼、苏·雪夫、布拉德利·希尔和理查德·格里一样,我热衷于帮助孩子理解数字声誉的影响力。我很幸运,在整整三年的时间里,我都能接触到学生,我们一次又一次地讨论这个话题。即便如此,我还是经常想,当他们回到家,发现自己一个人拿着手机时,功课是否还能"坚持下去"。孩子就是孩子，我已经学会了期待他们犯错误，或者我喜欢称之为教导的时刻。

然而，孩子们也会给我带来惊喜。几年前，我在第二章中提过的"和我女儿一起做小木凳的搭档"给了我一个更大的惊喜。他和我女儿是我的第一批"网络公民"课堂学生。我怀念那些学生，因为他们教我关于他们需要学习的东西，胜过了我认为我需要教他们的数字素养。一天早上，比利（Billy）上课迟到了，他冲进教室，大步走到一个叫爱普莉（April）的漂亮女孩的桌前。那年，爱普莉已经上八年级，因此错过了我们之前所有关于"数字声誉"的课程。她有一个照片墙账号，班上大多数孩子都在关注她，前一天晚上她还发了一张自拍。这张照片是在海滩上拍摄的，她穿着一件小比基尼，摆出了一个极具挑逗性的姿势。那班热血沸腾的八年级男生都会喜欢这张自拍照！但是，让我吃惊的是，比利没有在她背后窃笑那张照片，而是大步走到爱普莉面前狠狠地训斥了她一顿。"你应该删除你发布的那张愚蠢的照片，"他说，"这会毁了你的数字声誉。"她在那里坐了一会儿，想弄明白比利到底在说什么，然后哭着冲出了教室。虽然我为爱普莉感到难过，觉得比利的话有点严厉，但令我震惊的是，他做了我希望学生们会做的事：在一个没有成年人照顾的环境中互相照顾。比利的态度粗鲁而且有些不顾他人感受，但他成功了，爱普莉那天回家后删除了那张照片。

"网络公民"课堂活动

和孩子一起在网上搜索

你曾经在谷歌上搜索过自己吗？你的配偶呢？你的孩子们呢？你的亲戚或朋友呢？如果没有，花点时间和你的孩子一起搜索，或者全家人一起搜索更好。不过，我要提醒你一句：你可能要先私下搜索一下你和你的配偶。这个建议是由一位在自己学校讲授"网络公民"课程的老师分享给我的。她听从了我给她的建议：在谷歌上搜索她自己，却先在全班同学的注视下做了这件事。不幸的是，她被一些突然出现的内容打了个措手不及。实在太尴尬了！

一旦你做好了这些基础工作，就按照下面的步骤去做：

1. 和你的孩子一起时，搜索自己，看看会发生什么。回顾你的搜索结果，问你的孩子：哪些是积极信息？（如果有的话）哪些是消极信息？你如何才能提高你的数字声誉？

2. 接下来，搜索你的配偶、亲戚、孩子或他们的朋友。尝试使用不同的搜索引擎，记住搜索他们可能在社交媒体账户上使用的昵称。然后，问和上面一样的问题。还要问：别人会如何根据你在网上找到的信息来评价你的配偶、亲戚、孩子或他们的朋友？

3. 谈谈你的孩子可能采取的预防措施，以平衡他们的数字声誉，支持积极的内容。

4. 最后，考虑设置一个谷歌警报（Google Alert），定期接收孩子们在网络上的更新动态。如果你有一个谷歌邮箱，那就容易了。你可以登录谷歌邮箱，输入你希望谷歌警报跟踪的关键词（比如，你孩子的名字）。这样，如果他们发布了可能影响他们的数字声誉的内容，你就会收到通知。

学术语，讲故事

出乎意料的是，貌似很多孩子——即使是那些已经在使用社交媒体的孩子——都不熟悉他们擅长从事的数字活动的术语。即使他们并不陌生，你也可能感到陌生，这就是一起复习社交媒体术语的重要性。如此，你们可以达成共识，然后进入这个活动的有趣部分，讲述社交媒体故事。

1. 和你的孩子一起复习下面的常用术语，以确保你们都理解社交媒体的全部影响。

- 社交媒体网站：用户创建和共享内容（包括评论）的任何网站或应用程序。像 YouTube 这样的视频网站和允许玩家之间联系的在线游戏都是社交媒体网站。

- 标签或标记：当你标记某人（或物）时，你便创建了一个链接到他的个人资料。如果你或者你的朋友在你的帖子中标记了某人，那么，这个帖子可能会被你选择的观众加上被标记者的朋友看到。这将影响你的数字声誉以及被标记者的数字声誉。
- 截屏：截屏又叫屏幕截屏，它是一种可以被截屏者保存的电脑或手机屏幕的图像。你可以用各种程序来截屏，也可以不需要任何特殊程序来截屏。
- 上传："上传一些东西到互联网上"就是把一个文件从一台电脑或设备移动或复制到另一台电脑或设备（或许不止一台）。
- 发帖或帖子：在网上（通常是在博客或社交媒体网站上）发布一篇文章、一张照片或其他内容。"发帖"是动词——比如"在网上发帖"——意味着你在一个在线论坛上发布了一些东西。

2.既然你和你的孩子知道了一般的术语，那就分享一些故事吧！在新闻中很容易找到关于社交媒体惹祸的故事。你甚至可以让你的孩子分享他们看到或听到的故事，或者分享你自己的故事。如果你需要一个好的社交媒体故事，你可以分享下面这个小故事。这是我们在"网络公民"课上讨论过的真实故事之一。

马克是一名六年级的学生，他试图在家乡成为一名初级救生员，也是班上唯一成功做到这一点的男孩。他为这一成就感到兴奋和自豪，他的父母也一样。他的妈妈把他的照片上传到她自己的社交媒体网站上，并贴上标签，写道："马克今天能成为初级救生员，我感到非常自豪。"马克的一些朋友看到了这个帖子，觉得他在照片里看起来很滑稽，于是他们截屏了这条动态，发到了自己的社交媒体账户上，还写了讽刺的评论。有人甚至通过发布虚假信息来取笑他："老兄，我看到你在急救考试中作弊了！"其他孩子看到这个帖子之后，也分享给了自己的朋友或粉丝。

3. 讨论故事。如果你使用了上面的小故事，下面的问题可以作为讨论的开始。

- 是谁散布了马克在急救考试中"作弊"的错误信息？
- 你认为，不太了解马克的人会知道他的朋友在取笑他吗？
- 列出这些帖子可能对马克产生的长期影响。
- 如何以不同的方式处理这种情况？

设计你的网络形象

这是我最喜欢的课堂活动之一，因为"数字广告牌"产生的艺术作品装饰了我们的墙壁。你也可以在家里做这项活动。

1. 告诉你的孩子，把他们的数字声誉想象成"信息高速公路"上一块巨大的广告牌，任何人开车路过都会看到。这个广告牌将展示他们在网上发布的所有内容，或者别人发布的关于他们的所有内容，基本上就是向全世界宣传他们。

2. 让你的孩子思考，他们想让自己的广告牌"说"什么。它会告诉全世界：他们在学校表现很好吗？他们花时间做志愿者吗？他们擅长运动吗？或者，它会分享他们不想让世界看到的东西吗？

3. 在一张大白纸上，画一个空白的广告牌（一根柱子支撑的长方形牌子）。教你的孩子去定制他们自己的广告牌，在上面填满他们希望在十年后看到的关于他们自己的图片和信息。这些信息可能包括他们在脸书上发布的获奖信息，他们与流行乐队一起表演的 YouTube 视频，或者他们为无家可归者提供食物的网络新闻。鼓励他们发挥想象力和创造力。记住，天高任鸟飞！

第四章 屏幕时间

> 我对美食作家迈克尔·波伦（Michael Pollan）的名言提出了自己的看法："享受屏幕时光，但不要太久，还得常常与别人一起使用屏幕！"
>
> ——安娅·卡梅涅茨《屏幕时代的艺术》
> （Anya Kamenetz, The Art of Screen Time）

1990年，我第一次注意到屏幕是如何不可思议地干扰真实生活体验的。当时，我还没有自己的孩子，也没有教别人的孩子。那时候，我是冲浪者杂志社（Surfer Publications）的营销和电视总监（这份工作听起来很不错）。八月的一个下午，我和即将成为我丈夫的那个男人，以及四名职业滑雪板运动员一起坐上了一架飞机，前往新西兰南岛的滑雪场，拍摄一集我们为娱乐体育节目电视网（Entertainment Sports Programming Network，ESPN）制作的滑雪电视节目。

从奥克兰（Auckland）到皇后镇（Queenstown）的飞行途中，我们飞越了新西兰壮丽的南阿尔卑斯山。这是一个美丽的冬日，没有一丝云彩，对这条山脉来说是极不寻常的。我把脸贴在冰冷的窗户上，惊叹于结冰的塔尖和巨大的冰川，它们似乎近在咫尺，触手可及。突然，那座12349英尺[①]高的巨型库克山（Mt. Cook）出现在视野中，它那冰冷的侧翼划破了钴蓝色的天空。不可思议又毫无疑问，这是我所见过的最壮观的景象之一。

[①] 1英尺=30.84厘米。

为了让十几位乘客可以欣赏到更多这令人惊叹的景色，我们小飞机的驾驶员打开了通往驾驶舱的门。但是，滑雪运动员（都是十几岁到二十岁出头的年轻人）错过了这一切美景。他们没有看到这一千载难逢的奇观，而是全神贯注于当时流行的掌上游戏机——日本任天堂公司（Nintendo）开发的"游戏小子"（Game Boy），忙着玩游戏，对屏幕之外的世界视而不见。

"这些孩子真奇怪！"我记得当时是这么想的。

如果当时有人提醒我，等我有了自己的孩子就会明白，这是完全正常和司空见惯的青少年行为，我绝对不会相信。

数字时代

当今时代，由于数字干扰，孩子们总是会错过现实世界的奇迹。让他们认识到这一点并非易事，这让我想起了2018年的一件往事。当时，在我们的一次"网络公民"课上，一个名叫尼克（Nick）的七年级男生怒气冲冲地从椅子上跳了起来，向同学们宣布："格雷伯老师刚刚让我们做的事情是非法的！"

你瞧，我刚刚要求尼克和他的同学们在周末的24小时内不要使用任何数字媒体，并且写一段关于这次体验的文字。在过去的七年里，我每年九月都会给七年级的学生布置同样的作业。回想2011年，当我第一次把这个任务分配给我女儿所在的班级时，学生们毫无怨言地接受了这个挑战。他们甚至为此感到兴奋。但从那以后，孩子们对这项作业的热情逐年下降。

实际上，说学生们反应"冷漠"，这是保守陈述。他们非常生气。我们在一起的大部分时间，他们都在试图帮助我理解为什么他们不可能24小时不看屏幕：

"但我要收短信啊。"

"我不能和我的足球队失去联系。"

"我到底要怎么拍照和上传照片呢？"

"我的网络游戏朋友会认为我死了。"

"这是虐待儿童！"

有一个长着水汪汪的棕色大眼睛的小女孩热切地对我说："这是我这个周末唯一期待的事情。"

尽管我已经做好了反抗的准备，但课堂上的反应让我和雪莉·格雷泽-凯莉措手不及。那天，她和我一起教学。大家一定认为，我们相当于让每个孩子都砍掉一只手。可惜，那些手通常都抱着电话不放啊。我猜，这就是他们这次任务的感觉吧。

当一个女孩自告奋勇说，她有一个朋友的老师要求学生在24小时内不要用钱，我终于觉得我在班上有了一个同盟者。我表示："那一定要困难得多。"

"绝不，"她说，"让我放弃手机真是难上加难。"我问她的同学是否同意。他们都同意。一致通过。"哇！"我好奇，"我们究竟是怎么走到今天这一步的呢？"

智能手机

智能手机拥有者几乎成了青少年的代名词。在短短的几年里，拥有智能手机的青少年人数激增。皮尤研究中心（Pew Research Center）2018年的一份报告显示，95%的青少年拥有或能够使用智能手机。相比2014—2015年（73%的青少年使用智能手机），这一比例上升了22%。大多数青少年甚至在拥有自己的手机之前，就已经开始使用平板电脑或父母的智能手机和电脑了。

根据同一份报告，45%的青少年说，他们"几乎不断地"使用互联网。皮尤研究中心2014—2015年的调查显示，这一比例为24%，几乎翻了一番。另有44%的青少年表示，他们每天上网几次。总的来说，大约90%的青少年说，他们每天上网多次。

如果你认为这是美国独有的现象，再好好想想吧。亚洲和非洲通过手机上网的人数在两倍以上。这些地区的许多国家跳过台式电脑和笔记本电脑，直接使用联网手机，因为它们的价格更便宜，使用起来也更方便。今天，有研究表明，在中国和韩国，有 1.6%~11.3% 的青少年被认为有网瘾，中国是第一个宣布网瘾为临床疾病的国家。

多年前，我发现的那个场景多么奇特啊——低头看屏幕的青少年，错过了身边发生的一切——今天，他们连眉毛都不会动一下。青少年花在盯着屏幕上的时间似乎每年都呈指数增长。我在我教的孩子身上观察到了这一点，我从他们身上收集的数据也证实了这一点。

每年，我都会让七年级和八年级的新生写下他们在一个具有代表性的夏日里的每一件事——从起床到睡觉。这很重要，因为屏幕的使用经常被忽视。超市、餐馆和加油站都有屏幕。孩子们不仅使用屏幕来发短信，还可以查看天气，找到去朋友家的路，以及在谷歌上搜索任何他们好奇的东西。日常生活和屏幕越来越不可避免地交织在一起，而且从这些孩子还是婴儿时就开始了。因此，除非他们记录自己的活动，否则都不知道自己花了多少时间使用屏幕。

这是我在过去 7 年中每年都要进行的一项活动，每年学生自我报告的屏幕时间与全国平均水平相当，不仅在我们学校如此，在其他许多教授"网络公民"课程的学校也是如此。然而，去年我收集的数据让我大吃一惊。仅仅统计一个班级，得出的数据是：每个孩子每天花在屏幕上的时间高达 11.5 小时。

当学生们发现自己花了多少时间盯着屏幕时，他们自己也同样感到震惊。当我让他们思考，屏幕时间可能已经取代了他们的哪些线下生活时，许多人热切地承认，他们希望自己能"花更多时间在海滩上""与朋友在一起"或"弹吉他"。这就是为什么我一点也不惊讶——常识媒体在 2016 年的一份报告显示，50% 的青少年说，他们对移动设备上瘾。

大学生也花很多时间上网

乔尼·西亚尼（Joni Siani）是马萨诸塞州波士顿郊外的艾达山学院（Mount Ida College）中一位活跃的媒体与传播学教授。几年前，她注意到学生的人际交往能力明显下降，她认为这要归咎于学生花在手机上的时间越来越多。

"我开始注意到，他们发展了一种非常不同的关系，我们曾经认为这是一种非常酷的技术，"西亚尼告诉我，"在短短的10年里，他们似乎完全改变了互动方式。他们是技术上最熟练的一代，同时也是社交上最笨拙的一代。"

西亚尼拥有马萨诸塞州剑桥大学的心理学博士学位，她对探究学生与其手机之间的心理依恋很感兴趣。所以，她问学生们，手机给他们的感觉怎样。

"如果有人把我的手机拿走，我会感觉很糟糕，"泰勒（Taylor）（头发染成鲜红色的小女生）告诉她，"我甚至带着手机去洗澡。"

另一个名叫迈克的小男生说："我必须知道大家都在做什么。仅仅因为这个原因，我无法忍受没有手机的焦虑。"

西亚尼决定设计一项社会实验，她认为，该实验可以帮助她的学生发展更好的人际沟通技巧，减少对移动设备的依赖。她在短短几年里学到的东西让她大开眼界，以至于她的学生都劝她写一本关于这个话题的书。于是，她照做了。然后，她的学生对她说："但我们这一代人不喜欢读书，所以，您需要拍成一部电影！"她也照做了。她的书和获奖纪录片都叫《禁锢你的灵魂》（Celling Your Soul）。

最近我遇到了西亚尼，我问了她关于该实验的问题。由于她的学生比我教的孩子大，所以我想从她那里知道，我的学生将面临什么，他们已经对自己的移动设备表现出如此令人不安的依恋。

西亚尼告诉我，在和学生一起学习人际交往技巧（带着同理心，不加批判地倾听）之后，她让他们暂时远离数字技术。但是，不像我给我的学生布置的24小时不看屏幕的挑战，她所谓的"数字净化"（Digital Cleanse）持续了整整一周。戒掉看屏的坏习惯。不要手机，不要互联网，什么都不要。

据她班上一个名叫史蒂夫（Steve）的学生说："当西亚尼老师告诉我们，为了我们的毕业设计，我们必须放弃一周的手机和一切互联网时，我的第一反应是：我要怎样才能既摆脱困境又能让毕业设计过关呢？"

和我的学生一样，西亚尼的大多数学生也对她布置的作业很生气，他们对她说：

"得了吧，这招太烂了。你不能强迫我们这么做。"

"她以为她是谁呀？她这么老，已经知道如何在生活中与人交往。我这么年轻，怎么知道我的朋友们过得如何？"

"这一代人得到的信息是，"西亚尼说，"如果他们手中没有手机，他们就无法与他人联系。他们都感觉'上瘾'了。"

网瘾真的很麻烦吗

是的。

反正大家都这么认为。当我走访学校和社区时，我抛出了一个打破僵局的问题是：当你想到孩子和数字技术时，脑海中闪现的第一个词是什么？他们喊得最多的词是"上瘾"。

然而，"网瘾"不是正式的临床诊断。它没有列入最新的《精神疾病诊断与统计手册》（*Diagnostic and Statistical Manual of Mental Disorders*，*DSM-5*），这是一部精神疾病诊断的权威指南，被美国和世界上许多地方的医疗专业人士使用。DSM-5中唯一列出的与行为、非物质相关的上瘾是"赌博障碍"。然而，"上瘾"这个词被随意地使用，而且常常与数字技术有关，特别是当讨论围绕孩子话题的时候。

大卫·格林菲尔德（David Greenfield）博士是互联网和技术成瘾中心（the Center for Internet and Technology Addiction）的创始人，兼康涅狄格大学医学院

精神病学临床助理教授，也是世界领先的互联网、计算机和数字媒体强制和上瘾使用权威之一。2015年，我在康涅狄格州首府哈特福德举行的首届网络公民峰会（Digital Citizenship Summit）上遇到了他。他解释说，虽然网瘾不是官方诊断，但包括孩子在内的大多数人都有强迫行为或过度使用手机的迹象。当这种行为干扰到生活的主要领域（社会关系、学习成绩或家庭关系）时，那就是个麻烦了。

几年后，我再次与格林菲尔德通话，因为我很好奇这个问题是变好了还是变坏了。他说，随着父母给越来越小的孩子提供手机，他发现一些年仅十二三岁的孩子有上瘾的倾向。他称这些孩子为"D一代"（D是Digital的缩写，代表数字技术），他们是伴随着数字技术成长的。如今，在他们特别脆弱的时候，这种观念却深深植根于他们的同伴文化中。

孩子无法抗拒网络的原因

格林菲尔德将智能手机称为"世界上最小的老虎机"，并说互联网是最大的老虎机。就像老虎机一样，两者都运行一种可变比例的强化程序，这种奇特的方式会导致这样的事情发生：每当上网时，我们都不知道接下来会发生什么，而这种不可预测性会让我们"再来一次"。而且每一次手机信息提示音都会给我们的大脑带来少量多巴胺的刺激，多巴胺是一种能增加愉悦感的化学物质。当我们打开手机去看那条信息时，我们会再次得到这种让人感觉良好的化学物质的刺激。

多巴胺奖励中心通知和奖励激活的是相同的大脑区域——从美食、酒精等中体验快乐。这是一个大新闻，因为很长一段时间以来，科学界一直认为，例如，从玩《魔兽世界》（World of Warcraft）中获得的乐趣，不可能上升到与物质上瘾的乐趣相同的水平。结果证明他们错了。在所有这些例子中，大脑中神经元的活动模式几乎是相同的。如今，PET扫描（正电子发射计算机断层显像技术）

和功能性核磁共振成像（MRIs）显示，大脑中以愉悦为导向的区域葡萄糖摄取增加，与此过程相关的神经递质就是多巴胺。

尼古拉斯·卡尔达斯（Nicholas Kardaras）博士在《"数字海洛因"：把孩子变成精神病人的屏幕》（"It's Digital Heroin"：How Screens Turn Kids into Psychotic Junkies）一书中谈到了这一现象："我们现在知道，平板电脑、智能手机和微软游戏机都是数字毒品。最近的脑成像研究表明，它们会影响大脑的额叶皮层（额叶皮层控制执行功能，包括冲动控制）和可卡因一样。数字技术如此亢奋，让人感觉良好的神经递质与成瘾动态关系最为密切。"

当一个人拥有功能齐全的额叶皮层时，要抵制数字技术的诱惑就已经够难了，想必大多数成年人都是这样的。但青少年没有这种生理上的优势。如果这还不足以构成一种障碍的话，那么，还有3种因素共同作用，使得青少年时期的孩子特别容易受到数字技术魅力的侵袭。

首先，从青少年早期开始，到中途，再到顶峰，青少年体验了使用多巴胺的神经回路活动的增加。这就是为什么青少年会被能带来回报的物质和体验所吸引，比如，社交媒体的"点赞"和信息的提示音。在加州大学洛杉矶分校的阿赫曼森-拉夫莱斯脑成像中心（Ahmanson-Lovelace Brain Mapping Center）进行的一项实验中，研究人员让32名青少年在电脑屏幕前看了12分钟的照片，每张照片都显示了它可能从其他青少年参与者那里得到的"点赞"数量（实际上，研究人员分配了这些"赞"），并使用功能性磁共振成像分析了他们的大脑活动。当这些青少年看到自己的照片获得大量的点赞时，研究人员观察到他们大脑的奖励回路活动增加，并说这个区域在青少年时期特别敏感。

其次，除了从网络活动中体验快乐外，青少年比成年人更容易沉迷其中。弗朗西斯·詹森（Frances Jensen）博士在《青少年的大脑》（The Teenage Brain）一书中解释说，青少年学习行为比成年人更快，上瘾是一种学习方式。研究人员在吸烟的青少年中观察到这种学习行为的效率，这种行为以后可能会变成上瘾。吸烟的青少年比同样数量的成年人更容易染上烟瘾。

最后，强迫行为或成瘾行为会劫持大脑进入额叶皮层判断中心的能力。这部分大脑应该会问："这个短信有多重要？"或"我需要每五分钟查看一次快拍网吗？"由于人类的判断中心要到25岁才能完全运转，所以，青少年在做出明智的决定时处于不利地位。大多数汽车租赁公司都知道这一点，这就是为什么25岁是租车的最低年龄。

下面，我们把所有这些因素加起来。首先，每当孩子们的手机宣布并发送奖励信息时，他们都会受到多巴胺的刺激，这种情况经常发生。其次，孩子们比成年人更容易沉迷于愉快体验，比如那些通过电话传递的愉快体验。最后，孩子们缺乏判断能力，不知道什么时候放下或忽略手机。

青少年为什么会"上瘾"？这很容易理解。

数字技术发展的真实目的

数字技术发展的目的是捕捉并抓住我们的注意力，而这一事实的基础是一门完整的科学。斯坦福大学说服科技实验室（the Persuasive Tech Lab）的创始人B. J. 福格（B. J. Fogg）博士是阐明这一学科的第一人，他在1996年创造了术语——"电脑即说服科技"（Computers As a Persuasive Technologies, Captology）。电脑即说服科技是一门研究计算机作为说服性技术的学科。根据斯坦福大学说服科技实验室网站提示，电脑即说服科技包括"互动式计算产品（计算机、移动电话、网站、无线技术、移动应用程序、视频游戏等）的设计、研究、规范和分析，旨在改变人们的态度或行为。"

福格最出名的也许是他标志性的"行为模型"（Behavior Model）系统，它解释了当三种力量（动机、起因、能力）汇合时，人类是如何被迫以某种方式行动的。当这三个元素同时作用时，就成了从毫无戒心的设备用户那里获得期望的行为响应的秘诀。利用福格的模型，技术设计者甚至可以精确地识别出是什么阻止了用户执行他们所寻求的操作。作为一个在学术生涯中花了大量时间研究媒体心理学的人，我觉得这一点非常有趣。作为一名母亲和教育工作者，我深受其影响。

据报道，在 2007 年，75 名学生挤满了斯坦福大学的一间教室，在福格的带领下研究这一模型："10 个星期之后，学生们——包括脸书、谷歌和优步（Uber）的未来产品设计师——开发的应用程序已经积累了 1600 万用户，创造了 100 万美元的广告收入，并破解了创建应用程序的密码。"

福格在 2003 年出版的《说服科技：用计算机改变我们的思维和行为》（*Persuasive Technology : Using Computers to Change What We Think and Do*）一书中揭示了他的模型的工作原理。某些话有点让人联想到世界末日："没有人能像机器那样持久。电脑不会累，不会气馁，也不会沮丧。它们不需要吃饭睡觉。它们可以夜以继日地积极说服或观察，等待合适的时机介入……提到'说服'，这种更高层次的坚持是有回报的。"

当我读到这些话的时候，我不可能不去想我七年级的学生，以及当我要求他们远离手机一天时他们的恐惧反应。他们在生物和技术的联合力量面前毫无胜算，用来劫持他们注意力的策略每年都在改进。

那么，生产这些网络应用产品的公司为什么在设计时不考虑孩子的脆弱性（和家庭作业）呢？难道他们没有这样做的社会责任吗？我问了乌里·阿祖莱（Ouri Azoulay）这个问题。阿祖莱是纯景（PureSight）公司的前任首席执行官，纯景是世界上最早做父母监控软件的公司之一，总部设在以色列（Israel）的特拉维夫市（Tel Aviv）。如今，纯景软件在全世界范围内使用，它最受欢迎的功能之一就是让父母控制孩子上网的时间。

"设计一种防止孩子过度使用手机的运算系统和设计一种鼓励孩子过度使用手机的运算系统一样容易，"阿祖莱说，"但请记住，当消费者花更多的时间在网上——不管那个消费者是 7 岁还是 70 岁——这意味着更多的钱、更多的广告收入、更多的内购项目（in-app purchases）。说到底，这是一门生意。"

这也是盖比·齐克曼（Gabe Zichermann）告诉我的。齐克曼是世界上最重要的游戏化、用户参与和行为改变方面的专家之一，他是一位企业家、行为设计师、公共演说家、多本书的作者，自封的"生活达人"。尽管他对数字技术有着明显的热情，但他发现让人上瘾的技术问题"真的很阴险，也很令人担忧"。他的最新项目是一个名为"继续前行"（Onward）的应用程序，利用最新的科学成果和人工智能帮助用户控制成瘾行为。

"最重要的是，数字技术公司基本上不能对产品收费，因此，他们不得不想出办法让用户对他们的产品上瘾。"齐克曼说，"这是所有应用设计公司的意图，不管是哪个阶层或是某个行业的网络应用设计者，他们最想要的，就是最大限地劫持你的注意力，无一例外。"

变化就在眼前吗

特里斯坦·哈里斯（Tristan Harris）是谷歌的前设计伦理学家（毕业于斯坦福大学福格的实验室），他离开谷歌并建立了一个名为"美好时光"（Time Well Spent）的非营利组织。他的任务是说服数字技术公司和设计师制造不会"劫持人类思想"的产品。正如他在美国国家公共广播电台（National Public Radio，NPR）所解释的那样，"大多数公司并没有真正考虑他们的产品可能会如何影响孩子，因为大多数设计师并不比孩子大多少"。

"年龄真的很重要，"哈里斯解释道，"比如说，关于数字技术对那一代人的影响，你会有多敏感呢？"哈里斯称，"这是一个巨大的盲点，尤其是像快拍网这样的年轻公司"。快拍网的创始人在 2011 年设计这款应用程序时，还在上大学。如今，54% 的美国青少年每天使用快拍网，其中 47% 的人称，这是他们最重要的社交网络。

许多领先的技术专家和技术投资者最近都加入了哈里斯的行列。苹果公司最大的两家投资者要求该公司研究其产品对健康的影响，并让限制儿童使用苹果手机和苹果平板电脑变得更容易。苹果公司首席执行官蒂姆·库克（Tim Cook）在接受《卫报》采访时表示，学校应该限制使用数字产品，而且，就他个人而言，他不希望自己的侄子使用社交网络。在一次广为报道的采访中，纳普斯特网（Napster）的创始人兼脸书的首席总裁肖恩·帕克（Sean Parker）告诉爱可信公司（Axios），该公司知道这是在制造让人上瘾的东西，并说："只有上帝知道它对我们孩子的大脑有什么影响。"几十名儿童和心理健康专家在脸书上呼吁放弃"儿童版即时通"（Messenger Kids），这是一项针对6岁儿童的社交媒体信息服务，该服务称，"它专门针对那些尚未准备好在社交网络上发展的弱势群体（小孩子）"。与此同时，一场名为"等到八年级"（Wait Until 8th）的运动正在蓬勃发展，它鼓励家长做出承诺，在八年级之前不给孩子智能手机。

如今，哈里斯拥有一家新企业——人文科技中心（the Center for Humane Technology），支持者是一群令人印象深刻的相关技术人员。它的网站宣布了宏伟的愿景："扭转数字注意力危机，重新调整技术以实现人类的最大利益。"一个名为"前进之路"（The Way Forward）的网页声称，"人性化设计才是解决之道"，人文科技中心将会"创建人性化的设计标准、政策和商业模式，使其更深入地与我们的人性和我们想要的生活方式相一致"。

齐克曼对我说了他对这一设想的担忧，他说这是他和哈里斯直接提出来的："当公司和组织感觉被政府或压力集团欺骗时，它们最终会同意自我监管。在此过程中，它最终大多只是口头上的服务。"他敦促我回忆社会曾经对酒业施加的压力。我们最后得到的是一句口号：请谨慎饮酒。"从字面上看，这是酒精饮料公司为解决其产品上瘾问题所做的最大努力。这就是结果，"齐克曼说，"除非我们赋予客户设定自己极限的工具。"

让孩子设定自己的极限

让孩子用工具来设定他们自己的上网极限,虽然听起来有些矛盾,但这是我能给大家提供的最有效的策略(而不是等待政府或整个行业的监管或改革发生)。下面的步骤将帮助你和你的整个家庭在线上和线下的生活中获得幸福和健康的良好平衡。

第一步:学习"屏幕时间指南"

2015年春天,我接受了美国儿科学会(AAP)的邀请,参加了在伊利诺伊州(Illinois)罗斯蒙特(Rosemont)举办的"数字成长:媒体研究研讨会"(Growing Up Digital: A Media Research Symposium)。本次活动汇集了顶尖的社会科学家、神经科学家、媒体研究人员、教育家、儿科医生和其他专业人士,其目的是让美国儿科学会探索当前基于证据的研究,即增加媒体接触对儿童的身体、认知、社会和情感健康的影响。

多年来,AAP为父母和儿科医生提供可靠的信息来源,并一直坚持1999年发布的政策声明,即使媒体改变,他们的政策也不会改变:两岁及以下的儿童应避免使用任何屏幕,而对于两岁以上的儿童,父母最多允许孩子每天看两个小时的高质量节目。

也许,读到这里的时候,你会喃喃自语:"你在跟我开玩笑吗?"然后加入俱乐部。这是父母们的典型反应,他们将其与如今孩子们看屏幕的实际习惯相比较。但科学并不关心习惯。它关心的是从科学数据中得出结论,最好是长期的结论,而新技术很难得出结论。

值得赞扬的是,AAP的好医生们没有坐等长期研究的到来,而是召开研讨会研究手头的数据。然后,经过18个月的消化,他们在2016年10月发布了最新的建议。你可以在第一章中看到这些针对儿童使用屏幕时间指南:

- 对于未满18个月的儿童,应避免使用除视频聊天外的所有屏幕媒体。

18–24 个月大的孩子的父母，如果想要引进数字媒体，应该选择高质量的节目，并和孩子们一起看，帮助他们理解他们看到的东西。

- 对于 2–5 岁的儿童，限制他们每天看高质量的电视节目不超过 1 小时。父母应该与孩子共同观看，帮助他们理解他们看到的东西，并将其应用到他们周围的世界。

对于较大的孩子，美国儿科学会决定让他们完全远离屏幕，专注于限制、内容和交流：

- 对于 6 岁以上的儿童，其使用媒体的时间和媒体类型要有一致的限制，并确保媒体不会取代足够的睡眠、体育活动和其他对健康至关重要的行为。
- 指定禁止媒体的时间段，比如吃饭或开车，以及家中没有媒体的地方，比如卧室。
- 保持网络公民身份和安全方面的交流，包括线上和线下都要尊重他人。

为了"方便"家长遵循这些新建议，美国儿科学会创建了在线"家庭媒体使用工具"（Family Media Use Tool），帮助家长管理每个孩子的在线时间。

但问题是：即使有了这些新的指南和这个有用的工具，实际操作仍然需要家长的配合：

- 找到并选择合适的节目。
- 与孩子共同观看和讨论合适的节目。
- 根据孩子的年龄限制，管理他们看屏幕的时间。
- 确保日常生活的必备因素不会迷失在网飞公司的狂欢中。

如你所知，父母很忙。即使是最用心良苦的人也很难找到合适的节目，更不要说挤出 1 小时来和孩子一起观看和讨论了，尤其是，媒体常常提供了一个急需的喘息之机，让家长从繁重的养育工作中解脱出来。但不花时间去做这件事的后果太严重了，不容忽视。

针对儿童的媒体使用情况，有效的日常管理也需要一些侦查技能，特别是，当孩子长大了，要去拜访朋友的家和其他你管不到的地方。有时家长可以利用技术管理技术。

第二步：利用技术管理技术

每当在旅程学校教授"网络公民"课程时，我都会像在华德福学校一样，与每个学生握手，看着他们进出教室的眼睛（这是数字时代的明智做法——孩子们需要练习）。这不但让我与每个孩子交流，还为孩子们提供了与我分享他们想法的机会。一天，小男孩内森（Nathan）离开教室时在门口停了下来。"您真的应该给我们的妈妈讲这些课！"他建议道。"多棒的主意！"我心想。我对这个主意略知一二，它是由索尼前公关主管辛西娅·利伯曼（Cynthia Lieberman）提出的。利伯曼在加州大学洛杉矶分校教大学生"社交媒体营销"，还养育了两个千禧年的孩子。我俩最近都完成了媒体心理学的研究生课程，都想知道如何更好地把我们的教育与工作相联系。多亏了内森的建议，我们决定为家长们建立一个名为"网络智慧"的网站，我丈夫想出了一个时髦的口号：成长不掉队！

随着网络智慧网站的发展，我们开始访问学校，并与家长交流。一天晚上，我们在洛杉矶的一所学校做报告，那里的家长们都急于讨论孩子花在网上的时间。当家长们轮流表达他们对这个问题的苦恼时，我看了看孩子，小家伙们正静静地坐在礼堂的后排。他们都在忙着玩设备呢——平板电脑、笔记本电脑、智能手机——完全无视我们的谈话。当我向家长们指出这一点时，他们解释说孩子必须上网，因为小家伙们在"做家庭作业"。

利伯曼很想知道他们到底在做什么，于是就在房间里走来走去。她偷偷地扫了一眼孩子们的设备屏幕，发现了照片墙的帖子、快拍网的故事和短信（很多短信），以及少许家庭作业。利伯曼说："实际上，他们所做的就是苹果和微软前高管琳达·斯通（Linda Stone）所说的'连续走神状态'（continuous partial attention），即大脑在不同任务之间快速切换。"如果你问孩子们这个问题，他们会告诉你，他们可以成功地管理他们的设备让他们一次完成所有事情。然而，从一个任务切换到另一个任务，会导致两个任务都受到影响。事实恰恰与大多数孩子的想法相反，在多个任务之间来回切换，同时完成多个任务所需的时间比分别完成单个任务所需的总时间要长。

进入演讲环节时，利伯曼问孩子们，他们通常在设备上做什么，以及他们当时在做什么。有人插话说："家庭作业""当然是家庭作业啦"。这时观众席爆发出阵阵假笑。当她追问他们是否只是在做作业时，大多数人在座位上局促不安，然后承认："好吧，也许我们在这期间也在发短信、玩游戏。"

"事实上，对孩子们来说，在课堂内外持续不断的电子干扰是一个巨大的挑战，"利伯曼说，"父母需要帮助他们的孩子专注于学习任务。"

随着孩子年龄的增长，他们变得精明起来，能够绕过父母安装的高科技设备来管理自己的数字产品。当孩子长到十二三岁甚至更大的时候，家长监控软件就变得不那么有效了。这就是为什么父母必须帮助孩子学习如何及为何要放下设备。非常有必要让孩子们体验一下断网的好处并练习这种技能。记住，小孩子是通过反复接触来学习上网的，他们需要的接触经验比成年人更少，断网也一样。

他们还需要成年人的榜样，告诉他们如何放下数字设备。

第三步：做个好榜样

当我向学生们发出挑战，要求他们放弃一天的屏幕时，我给他们的父母写了一封信，要求他们也这样做，这样他们就可以整个家庭一起讨论这种体验了。去年，当我把这个计划告诉我的学生时，他们警告我，这是个糟糕的主意。

"我妈妈不可能做到的。"

"我爸爸要收工作邮件。"

"我妈要是不给我发短信就会死。"

他们说得对。家长们对这项活动的热情和他们的孩子一样平淡。在他们的反思性总结中,许多学生写了他们对父母的失望:

"我的父母意志薄弱,他们离开电话不能超过5分钟。"

"我意识到我妈妈离不开她的设备。"

"24小时不玩手机是很难的,因为我的父母24分钟都不能离开手机。"

这里有个坏消息:孩子们以家长为榜样学习媒体习惯。想一想,当他们还是婴儿的时候,他们看到了什么:世界各地的成年人都把电话时间看得比面谈时间重要。常识媒体在2016年的一项研究显示,成年人花在屏幕上的时间和他们的孩子一样多,甚至更多。青少年的父母平均每天花在屏幕媒体上的时间超过9个小时,其中82%的时间用于个人屏幕媒体,而不是工作。然而,78%的父母认为,他们在使用媒体和数字技术方面是孩子的好榜样。

在同一项研究中,父母们表示,他们最关心的媒体问题是"孩子的上网时间"。43%的家长们表示,他们对孩子上网时间过长而感到"适度"或"极度"担忧,超过半数的家长表示,他们担心孩子可能会对数字技术上瘾。

所以,接下来我们该讨论这个问题了。家长一边担心孩子看屏幕,一边把自己大部分的时间花在屏幕上,殊不知,小孩子们就在一旁观察。听起来就好像我们被套在了永动的仓鼠转轮上,根本停不下来。也许让它暂停的唯一方法就是断网。

第四步:练习断网

去年夏天,我和家人去尼加拉瓜(Nicaragua)旅行。我知道,我将离开电脑两个星期,我已经准备好了。我打电话给美国电话电报公司(American

Telephone & Telegraph Company, AT&T），注册了他们的手机护照服务，确保我能够使用所有的常规功能（电子邮件、短信等）不受干扰，每天只要 10 美元。我离开的时候感觉很自信，即便拔掉电脑插头，我的手机也可以一直联网。

在尼加拉瓜的第一天，我的苹果手机被偷了。我的孩子们喜不自禁。这个经常宣扬断网好处的女人终于要自食其果了。

我不想撒谎。这两个星期过得很艰难。我最怀念的是能够拍照并分享出去。我几乎忘记了，几十年前，我不得不等到度假归来才观看自己的照片，更不用说与家人和朋友分享了。当我们迷路的时候（这是经常发生的事），我不能依靠手机导航应用程序来寻路。我必须用西班牙语和真实的人交谈，还要用西班牙语问路。没有语言应用程序的帮助，我也无法用指南针确定我们要去的方向。于是我做了一件很久没做的事：我使用了地标导航——山脉、太平洋、太阳在天空中的位置。我觉得自己像个现代版的航海家麦哲伦（Magellan）。

没有手机，我开始注意到身边的很多东西。一天下午，我们在里昂（León）一个大广场上的一家餐馆用餐。里昂是尼加拉瓜首都马那瓜（Managua）附近一个风景如画的小镇，下午这里到处都是川流不息的人群。我们旁边的桌子前坐着十几名美国游客，都是十几岁的女孩，她们低头盯着手机，而不是欣赏周围的景色和声音。如果我有自己的手机，我永远也不会注意到她们！当我们回到洛杉矶国际机场的时候，我已经成为"看着别人看屏幕"的专家了。在海关排队时，我意识到，除了一个熟睡的婴儿，我是唯一没有低头盯着屏幕的人。我想，如果眼睛真的是心灵的窗户，我们的社会已经变成一个没有灵魂的世界了。

不过当我收到邮购的新苹果手机时，我就把这个禅宗般的"智慧箴言"忘到了九霄云外。

但我被迫断网的一些好处依然存在。我决定，当我到家的时候关闭所有的通知，直到今天，它们仍然是关闭的。每次收到短信、推特或脸书评论时，我都不再大吃一惊，这很好。我也尽量不再每五分钟看一次邮件了。我不是圣人，我的孩子们可以作证。打破上瘾的习惯需要不断地警惕和练习。但对我来说，如果没有断网，我就不会体验到或学到断网的好处。所以，我反而要对从我背包里偷手机的扒手说：谢谢。

让孩子远离网络的好处

我想让我那些不情愿的七年级学生也体验一下断网的好处，所以，我给了他们几个月的时间来完成他们的家庭作业。即便如此，在 28 名学生中，只有 9 名曾经断网，尽管一再警告他们不这样做会影响期末成绩，也无济于事。如果不是尼克（Nick），这将是一个巨大的失败。尼克是一个完成了作业的男生，只可惜，他之前也跳出来质疑作业的合法性。在没有媒体的一天之后，他向我递交了下面的感悟：

上周六，我过了一段 24 小时没有使用媒体的时光。这很困难，因为我的生活总是绕着媒体转。相反，我不得不做其他的事情，比如，和我的狗玩或在公园散步，甚至和我的家人一起骑自行车溜达。这样做最大的好处是，过一会儿你就会开始感到平静和放松。我认为所有的人都应该尽量 24 小时不接触媒体。

几个月后，我问尼克是否仍然相信这项任务有益。"一开始我觉得这很蠢，"他告诉我，"但它确实帮助我认识到，没有手机，我也可以生存，甚至可以玩得很开心。"

在走出教室之前，尼克转过身来，补充道："格雷伯老师，您一定要不止一次地布置这样的作业。"

大学生也从断网中受益

尽管学生们抱怨不断，西亚尼仍然坚持奉行"数字净化"挑战。她的运气比我好。"几天之后，"她告诉我，"几乎每个学生都开始报告积极的事，即使他们很难做到也无妨。"

例如，史蒂夫（他曾认为自己无法忍受没有手机的焦虑）说："外面的世界真是令人振奋。通常我走路去上课的时候都是戴着耳机，不跟任何人说话。如今，我和陌生人交流，向他们问好，打个小手势，或者其他什么。这感觉很好。"

另一个学生汇报说："我以为我失眠了，但一旦没有手机或电脑的干扰，我就会在15分钟内睡着。感觉这么好，真是太棒了。"

西亚尼说："每个完成该作业的学生都从中得到了好处，并想要分享出来。"断网能否维持这些好处，仍有待观察。"这对他们来说很难，"她承认，"这就是为什么非常有必要教给年轻人人际关系真正的好处。"

西亚尼鼓励我继续尝试让我的年轻学生体验没有手机的生活。"人类需要被他人理解，这是我们内心深处的渴望，"西亚尼告诉我，"整整一代人都错过了这个信息。他们越早意识到真实交流的不同价值，他们越多练习面对面交流，对我们所有人都越好。"

第五步：亲近大自然

我还不到两岁的时候，我的父亲常常让我坐在他那辆破旧的、摇摇晃晃的有十速换挡装置的自行车的车把上，从我们家到海滩骑了将近五英里的路。尽管不安全，但这是我最美好的回忆之一，可能也解释了为什么我把大部分空闲时间都花在骑自行车上，而把我早期的职业生涯花在户外运动上。今天，我总是想方设法让孩子们像我一样热爱户外运动。对我自己的孩子来说，这很容易。我和孩子们花了大量的时间在偏远的地方闲逛，他们的父亲正在拍摄一部户外电影。对于我的学生，我鼓励他们思考可以在户外做的事情，远离数字技术。作为回报，他们鼓励我把户外想象成一个可以享受自然和数字技术的地方。

"在我梦想中的完美世界里，我希望孩子们不要把数字设备带到公园和自然空间，"作家米歇尔·怀特克（Michele Whiteaker）告诉我，"但我知道这无法避免。不幸的是，真的没有指南来帮助他们弄明白如何在享受数字技术和享受自然之间保持健康的平衡。"

怀特克是一名合格的外语导游，也是两个孩子的母亲。几年前，她邀请我和她一起为"儿童和自然网络"博客做一个项目，探索儿童（还有成年人）如何在数字技术和自然之间找到一个健康的平衡。我喜欢她的主意，欣然同意了。我们提出了以下几点指南：

- **事前研究，事后分享**。利用数字技术来提升你的自然体验的时间是在你离开之前和回来之后。怀特克称这种策略为"书立模式"(bookending)。当你外出时，可以腾出一些时间和空间来拍几张照片，但除此之外，把自拍杆换成拐杖，把你的智能手机放在口袋里，感受大自然。

- **凡事多问"为什么"**。总是问自己是否需要联网。例如，你写博客是为了激励别人吗？保存一本大自然相册吗？讲故事吗？做调研吗？通过照片"收集"动植物吗？为你导航吗？如果这类问题的答案是"不"，请放下你的数字产品，享受这一刻吧。

- **不要分心**。问问你自己：你的数字技术是帮助你看东西，还是让你错过这一刻？如果你的目标是花时间回归大自然，那就把 100% 的注意力放在大自然中。几年前，有一整个班的学生因为都在玩手机而错过了鲸鱼跃出水面的场景，还有一个班的学生因为被手机分心而差点撞上了前面的一头鹿。不要让自己错过这样的特别时刻。

- **联网 1 小时就足够了**。永远永远永远要留出时间来享受纯粹的上网时刻，不要被短信、微博和等待拍照的持续哔哔声干扰。稍后再看吧。如果你多出去走走，一切会更好。

- **关掉声音，四处看看**。自然体验的一部分就是保持安静，以便你享受大自然的声音。没有人希望因为短信的嘀嘀声或拍照的咔嚓声而错过这一切。对于那些喜欢大自然的人，以及那些视大自然为家的野生动物来说，大自然是一个神圣的地方。尽量不要破坏这种体验。

- **数字技术不可怕，可怕的是不知如何使用它**。数字技术经常被诋毁，并与自然体验相对立，但它可能是一种方便的工具。请用数字技术来进行识别和研究，或者作为使用野外指南增强户外体验的方式。比如，万一你迷路或遇到麻烦，手边有个电话就好了。

- **不要为了分享作品而践踏森林**。一位涂鸦艺术家曾在国家公园里破坏一块岩石，并在照片墙上分享他的作品，还有人甚至推倒了一块古老的岩层，仅仅是为了拍摄视频。获得这种独一无二的照片与"朋友"分享，并不意味着你应该为了得到它而践踏或破坏自然资源。不要为了和别人分享你的经历而忘乎所以，比如，一个徒步旅行者在瀑布前自拍时从 40 英尺高的地方摔死了。任何自拍都不值得为之失去生命。

- **大自然是自己最好的老师**。当我们能够体验大自然的原貌时，它的内在价值就显现出来了。当你看到一些你以前从未见过、也可能永远不会再见到的事情在自然界中发生（就像我在本章开头描述的新西兰景色一样）时，你就像吃了一剂维生素 N——此话出自理查德·洛夫（Richard Louv）所著的《林间最后的小孩》（*Last Child in the Woods*）一书。洛夫声称，维生素 N 可以帮助我们克服困难，使我们更健康、更聪明、更快乐。

"网络公民"课堂活动

孩子们都不可避免地想要花时间玩电子设备。如果你允许的话，他们会在屏幕上花很多时间。这就是为什么非常有必要帮助他们学会如何在屏幕时间和生活所需之间维持健康的平衡。你可能需要提醒他们，线下生活能提供什么。或者，就像上面的例子一样，他们可能需要结合数字技术和自然生活所提供的帮助。孩子们都很聪明，适应性也强，即使他们一开始反抗，最终也会感谢你的帮助。这一点我敢保证。记住，一切都是为了平衡，请找到并维护这种平衡。我希望这些活动能帮助你的家庭达到这种良性平衡。

创建"离线生活表"

现在许多孩子只在网上找到了最愉快的体验，这太糟糕了，因为现实世界同样也提供了许多愉快的体验他们未能经历。大卫·格林菲尔德博士帮助他的患者重新体会到现实生活的乐趣，方法是让他们写下100件不用屏幕也能做的事情。尽管很多人一开始觉得这个活动很有挑战性，但做起来却很容易，他们列出的事项就变成了路线图，充满了实时的活动，可以随时选择在什么时候插入热门内容。

这是一个很好的家庭活动。当你的孩子说他们无事可做的时候，请你列出一个表（这个表对下一个活动也很有用）。下面是创建"家庭活动列表"的步骤：

1. 取一大张空白纸。在顶部写100个非屏幕活动。和你的孩子一起思考，你们作为一个家庭可以做的一切事情，或者他们可以独自做的一切事情，这些都不涉及屏幕。家人可以一起去公园、海滩或动物园。你的孩子可以粉刷、画画、玩滑板、远足（根据孩子的年龄和兴趣而有所变动）。他们可以给奶奶写信，和你一起做晚饭或遛狗。关键是想出100个事项，并把它们写下来。

2. 把这个列表贴在家里显眼的地方。当你的孩子想要拿起一个设备时，或者当他们上网时间太长时，鼓励他们参看一下列表。当你发现自己在做一些无聊的事情时（比如在某个手机应用平台盲目地刷新信息时），你也可以参看该列表。利用这个列表来激励你的家人一起做有趣的离线活动。你的孩子甚至可能发现这些新的离线体验是如此令人愉快，诱导了体内多巴胺的分泌，以至于他们最终会渴望一场美好的远足，而不是《堡垒之夜》（*Fortnite*）游戏。谁知道呢？

和孩子辩论

令人惊讶的是，花在网上的时间累加起来竟然这么多——查看短信，听播客，寻找方向，查看社交媒体。辩论活动将帮助你让孩子们清楚地了解他们如何打发在线时间和离线时间，有助于他们发现自己的"数字饮食"健康与否。你可以通过完成以下步骤来加入辩论：

1. 选择一个典型的周末，让你的孩子写下他们做的每一件事——从早上醒来到晚上入睡。（你也应该这么做！）提醒他们注意自己刚醒来时做了什么。（问他们："你会拿起手机查看短信吗？"）让他们想想自己在车里做了什么。（"你用设备听音乐吗？查看社交媒体吗？"）吃饭时，提醒他们注意自己正在关注什么。（"你在看电视吗？玩电子游戏吗？"）

2. 让你的孩子把他们所有的活动进行分类。建议他们根据以下提示来统计"花在各类活动上的百分比数据"，然后进行分类：

- 手机；
- 电视；
- 电脑；
- 苹果平板电脑和电子阅读器；
- 电子游戏机；
- 从事户外活动；
- 睡觉或吃饭；
- 其他活动。

3. 让你的孩子把每类活动的时间加起来，如果他们已经10岁或更大，向他们展示如何将这些数据转换成图表（条形图或饼状图效果很好）。这是一个了不起的数学技能！结果将帮助他们认真思考自己时间的分配情况。

4. 分析这些数据之后，和孩子聊一聊吧！讨论一下数字技术与生活的平衡。（问他们："你花在数字媒体上的时间比你预期的更多吗？更少吗？你会做出哪些改变？"）解释一下，数字技术是如何吸引和抓住我们的注意力的。你会惊讶于孩子们对这些信息的反应。没有孩子愿意被父母、老师或设备操纵。他们喜欢自己决定自己的时间——无论是线上还是线下。最后，记住不要有偏见，把这当作一种科学探索，而不是一次演讲机会。你要和孩子一起决定，他们要如何改善自己的"数字饮食"。

接受断网的挑战

到目前为止，断网的目的应该是显而易见的。除非你和你的孩子体验了24小时断网的感觉，否则，他们不会知道或记得他们错过了什么，也不会明白一个道理——没有网络，他们照样可以活下来。接受这个挑战甚至可以帮助他们（和你）发现自己喜欢做的事情与屏幕无关。任何事情都有可能发生。

1. 让你的孩子24小时内放弃一切数字媒体。这包括智能手机、电脑、平板电脑、电视、游戏等。他们应该试着在家里、学校或朋友家一整天都不看屏幕。

2. 让你的孩子记录下他们在这24小时内从事的一切非屏幕活动。如果他们不知道可以做哪些非屏幕活动，那就让他们参考之前做的"离线生活表"。他们还应该记下他们面临的一切挑战和这次活动带来的机遇。

3. 谈论这场活动。问如下问题：这难吗？容易吗？你最想做的事是什么？最不想做的事是什么？你学到了什么？可以再来一次吗？如有可以，你会对你的屏幕时间做什么改变？

正如乔尼·西亚尼告诉我的："我们忘了，如今，孩子们已经完全融入了数字世界。他们真的需要机会去对比一下联网和断网的生活，也许他们更喜欢断网生活。或许他们会感慨：'嘿，聊天比发短信酷多了！'这样不是很好吗？"

第五章 人际关系

我喜欢所有朋友都在我口袋里的感觉。

——七年级学生

"格雷伯老师,我们摊上事儿啦。"

某个星期一的早晨,我到旅程学校去教课,六年级的一位女老师向我打招呼。"周末发生了一起网络霸凌事件,"她说,"我希望您能在今天的课上和学生们谈谈这件事。"

"真倒霉啊!"我暗自思忖。那天,我们计划开始讲授新单元的课程,叫作"网络霸凌和网络玩笑"。我一直期待着通过一系列的活动来引导学生,帮助他们识别网络暴力行为和有用对策,倘若不幸遭遇此事,他们可以合理应对。现在看来,我开始上这些课已经晚了一天。

事情是这样的:班上有个学生开了一个假的照片墙账号。说明一下,这种情况并不罕见,孩子们不仅可以用真实身份注册社交媒体账号,还可以开设假账号,寻找可以自由发帖和评论的地方,目的是不让自己的活动对自己的数字声誉造成负面影响。但最终,他们的朋友(无论线上还是线下)都能识别出这些假账号的幕后之主。尽管如此,孩子们还是一如既往地在网上匿名。再回到正题,班上的同学们已经发现这个假账号的幕后之主是他们班上的某个人,此人通过这个假账号在另一个学生的订阅源上发布了一些卑鄙和不恰当的内容。

得知情况后,我深吸了一口气,走进了教室,看到的是一群神情严肃的学生。他们证实了女老师告诉我的话——有人在网上欺负了一个叫罗莎（Rosa）的女孩，她也握有证据。罗莎是一个聪明自信的少女，无论在网上还是在现实生活中，任何人都不敢轻易欺负她。她告诉我，她听从了我几周前给全班同学的建议，截屏留下了证据，甚至向照片墙投诉了。她义愤填膺地表示，照片墙没有回应她的投诉。然后，她问我是否想看看证据。

我鼓起勇气，想象着我将要看到的东西，我答应了。这是她给我看的证据：

罗莎 🔥🔥🔥

我拼命保持定力，并向全班解释为什么这个帖子（称"罗莎火了"，或者孩子们口中的"罗莎燃了"）没有达到"网络霸凌"的地步（他们马上要学习的"网络霸凌"有如下几个鉴别特征：在线，故意，反复，伤害）。我说，即使这个帖子对罗莎造成了伤害，但很可能那并不是发帖人的本意。此外，我告诉他们，照片墙不会把这视为网络霸凌。其使用条款规定，用户不得诽谤、跟踪、欺负、虐待、骚扰、威胁、冒充或恐吓他人。当用户评论别人的热度时，照片墙不会干涉。

学生们似乎对我的解释很满意——"网络霸凌是什么？"——我以这件事开始了一天的课程，提供了完美的介绍。

但这不是故事的结局。接下来的那个星期，我来教这个班的时候，又有人在门口等我。这次是一个叫乔治（George）的学生。乔治是班里个子最小的男孩之一，也是最有个性的学生之一，他经常需要别人提醒他保持安静。但这一天，他被制服了。"格雷伯老师，"他低声问，"我可以私下跟你谈谈吗？"我说可以，因为课前我们有几分钟空闲时间。

"我就是在照片墙上开假账户的人。"他感到很尴尬，低头看着自己的脚，继续说道，"您知道，我有点喜欢罗莎，但不好意思当面表白。"

我再次拼命保持定力。我感谢乔治把他的秘密告诉了我，但我也警告他，同学们很可能会发现他开了一个假账户，因为"网上没有什么东西是长期保密的"。

"我知道，他们已经发现了，"他说，"这样做很愚蠢。我不会再做了。"

真人和真感情

上面的例子拥有极好的娱乐价值,还提供了3个重要的教训:

1."网络霸凌"是数字时代一个严重的问题(本章稍后会讨论),但该术语有时使用得过于广泛。真正的网络霸凌(记住,网络霸凌的特征是在线、故意、反复、伤害)与网络玩笑(指的是不那么有害的在线行为)、老式戏弄和错误传达之间是有区别的。想一想登在照片墙上的一张彻夜狂欢的照片。对一个没有被邀请参加活动的孩子来说,这个画面可能会让他尖叫:"怎么没有邀请我呢!"虽然这对"没有被邀请"的孩子(甚至还有其父母)来说,可能感觉像是网络霸凌,但是,我们却不该给它贴上"网络霸凌"的标签。糟糕的是,如果说上传照片的孩子是"恶霸",那就更不公平了。所有的孩子都会犯错,标签可以贴。重要的是要记住,每个孩子都是不同的,他们对网络暴力的反应——无论是真实的还是想象的——都是独一无二的。复杂吗?当然啦。

2.建立和维持同伴关系一直是一件棘手的事情。当下,这个任务更加具有挑战性,因为它发生在一个缺乏社会线索、面部表情或成人榜样提供指导的环境中。

3.最后,也是最重要的一点,数字时代儿童的在线活动总是可以被教育和纠正的,不要放弃,你们可以很好地解决所有的问题。

当乔治把他暗恋的秘密告诉我时,我正好要给他的班级上一堂叫作"真人和真感情"的课。我们在一起探讨了互联网如何为人们提供了大量的机会,让他们躲在头像、网名甚至是假账户后面。心理学家将这种现象称为"网言无忌"(online disinhibition),即放松(或完全放弃)原本在正常的面对面交流中存在的社交限制和抑制。乔治和他的同学们了解到,由于数字媒体忽略了许多现实生活中的社会线索和面部表情——这些线索和表情会促使我们了解一个人的感受——人们很容易忘记,所有在线互动的背后都隐藏着真人和真感情。

就像变魔术一样,学生们的社交媒体生活经常与我那天要教他们的东西完美地结合在一起。这种意外之得使我们的讨论更有意义、更令人难忘。这种情况在家里也会发生,当然,你的孩子可能不太愿意或渴望跟你分享他们在照片墙上的内心感受,但我敢打赌,他们会说,这是一个"朋友"或"同学"做的事儿。我们的诀窍就是彻底打开网络关系的大门。

数字世界的人际关系

孩子们最喜欢社交媒体的地方也是父母们最害怕的地方——孩子们几乎一天到晚与他人进行社交活动。父母们担心孩子可能会在网上与令人讨厌的人物接触,这种担心又被媒体推波助澜,因为媒体上充斥着关于网络恋情走向危险歧途的故事。以下是一些我在一天之内看到的头条新闻:

- "一名瑞典男子涉嫌通过网络强奸少女并引诱其进行线上性爱行为而被定罪"
- "一个 14 岁少女或将因其对其暗恋对象发性短信而成为登记在案的性犯罪者"
- "萨顿市(Sutton)青少年的自杀引发了人们对网络霸凌的关注"
- "在 4 年里,关于孩子进行网络性引诱的报道增加了 5 倍"
- "父母最关心的健康问题:霸凌、网络霸凌和网络安全"

网络霸凌、性短信、网络性引诱、性勒索,等等。这些都是潜在的风险,使得大多数父母想把孩子的手机埋在后院。值得庆幸的是,这些并不是大多数孩子上网时都会做的事。更常见的情况是,线上的孩子正在做着线下的孩子已经做了很久的事——他们与同龄人交流。

社交是青少年的工作

1959 年,著名的发展心理学家埃里克·埃里克森(Erik Erikson)写道:"青春期……只有这样才能算完整——一个人将自己的童年身份从属于一种新的心理认同,而它是在吸收同龄人及与同龄人之间的社交能力和竞争性学徒制中实现的。"用更通俗直白的话来说,若想成长,青少年需要与同龄人交往。他们的这一基本任务被称为"分离—个体化"(separation-individuation)。随着青少年开始脱离自己的原生家庭,建立自己独特的身份,同龄群体对他们来说变得非常重要。"探索孩子们在社会环境中的角色,这是让他们找到自己位置的方式之一。"帕梅拉·路特里奇解释道。

路特里奇,大家在本书的"赞誉"中见过她——菲尔丁研究生院的媒体心理学教授。她也是媒体心理学研究中心的主任,还是《探索积极心理学:幸福和健康的科学》(*Exploring Positive Psychology: The Science of Happiness and Well-Being*)的合著者,媒体经常请她就数字技术对心理的影响发表评论。谈到年轻人使用社交媒体的方式,路特里奇坚信,它有很多积极的好处。她说:"交际可以促进青少年身心发展。"

"我们天生就是群居动物,"路特里奇解释道,"我们如何与他人互动,以及我们关注他人如何看待我们……这是生理的必然性。年轻人总是专注于社会活动,这有助于他们与家庭以外的世界建立联系。心理认同的形成是青少年和成年早期的关键任务,这样他们就有了离开家并成功建立自己生活所需的心理工具。"

虽然很多关于青少年的事情并没有改变,但很明显,他们进行社会化的地方改变了。数字媒体为青少年提供了充足和方便的机会来满足他们社会化的生理需求。此外,还为他们提供了一种方法来满足其他三个心理需求:社会比较、自我表露和形象管理。"尽管这些词可能会让父母们感到恐惧,但它们都有积极的一面,"路特里奇解释,"社会比较是每个人观察和比较自己与他人行为的方式,它让我们学习社会规范,表达归属感;自我表露并不总是意味着过度分享,它实际上是亲密关系的核心,我们与朋友分享经验,结果让彼此的联系更加紧密;形象管理是一个花哨的术语,指的是一个人为了控制自己的形象而采取的行动，这可能意味着要强调积极的品质、减少消极的品质，或者表达与群体的联系。"

"这些都不是社交媒体发明的"，路特里奇说，"无论是刷手机，还是逛大街，人们都被生理驱使去探索他们的社交世界。"

虽然这些信息不会成为吸引人的头条新闻，但确实解释了为什么青少年很难与手机断开联系，以及为什么——安全适度地使用网络社交可能不是一件可怕的事情。

社交媒体对孩子有好处吗

快拍网、照片墙、YouTube 视频网、游戏互动（Xbox Live）、网络信使，等等。如今，青少年之间的友谊在这些网络应用里蓬勃发展。超过九成的青少年在网上与现实生活中的朋友在一起，近 1/3 的青少年每天都这样做。他们也在网上结交新朋友。近 2/3 的人表示，他们在网上至少缔结了一份新友谊。此外，有报告表明 67% 的青少年认为，如果他们不能通过数字技术与朋友交流，他们会产生被孤立的感觉。

根据针对这些数字关系的影响的研究，诸如路特里奇这样的媒体心理学家长期以来的怀疑得到了证实：

- 大量的在线时间花在了加强朋友之间的联系上。
- 社交媒体可以帮助青少年了解朋友的感受。
- 社交媒体有助于减少与同伴相关的孤独感。
- 那些在现实社会生活中挣扎的年轻人有时可以在网上发展友谊，获得在其他地方得不到的社会支持。
- 新兴的研究表明，社交媒体、增强的自尊和社会资本（通过社会关系获得的资源）的发展之间存在关联。
- 当父母和孩子一起看电视、观看流媒体内容（stream content）、玩视频游戏和使用教育应用程序时，媒体和互联网相关活动可以改善家庭关系。他们还可以通过发短信、使用短信应用程序和打视频电话来保持联系。
- 据报道，在埃及、印度、印度尼西亚、伊拉克和沙特阿拉伯等不同国家，90%以上的青少年使用移动设备，社交网络在加强和维持友谊方面发挥了作用。

"与城市神话相反，"路特里奇补充道，"在线友谊不会取代离线关系。对于青少年来说，在社会生活方面，线上和线下社交并没有根本的区别。"

网络游戏也可以加强友谊

现在不玩电子游戏的少年真是罕见了。在美国全国范围内，对1102名年龄在12~17岁之间的青少年进行了抽样调查，结果发现97%的人（99%的男孩和94%的女孩）在玩电子游戏。不同种族、民族和收入的人在这方面几乎没有差别。网络游戏"手柄"（孩子们玩电子游戏时使用的昵称）是38%的青春期男孩在现实生活中遇到他们想要与之成为朋友的人时最先分享的信息之一。

网络游戏本质上是社交媒体网站，因为年轻人经常在玩大型多人游戏时与现有的朋友联系并结交新朋友。许多玩家在广阔的虚拟世界中相互竞争、合作和互动。

我经常听到我的年轻学生谈论网络游戏。事实上，是不断地听到。他们在描述网友时传达出来的喜欢和愉悦，甚至会让你以为这些网友就住在隔壁。我猜，你与网络上的朋友的关系比你与邻居的更亲密。

最近假期里，我好奇青少年最渴望的数字化礼物是什么，于是我询问了我班级的学生。绝大多数人告诉我，他们想要的是一种"声控耳机，可以让你在玩游戏时和朋友聊天"。今天，超过71%的游戏玩家使用耳机，以便交谈并一起解决挑战。"如果你看孩子们玩游戏，他们其实是在一起玩，"大卫·克里曼说，

"当他们玩的时候，他们不只是谈论游戏中有什么，实际上还谈论我们过去常常闲坐着打电话谈论的事情。"

孩子们在与朋友玩游戏时学到的一些技能会让他们在线下关系中表现得更好。在"玩电子游戏的好处"中，研究人员说，玩家们可以把大家一起玩游戏时学到的亲社会技能转化为游戏环境之外的同伴关系和家庭关系。另一项研究表明，玩多人游戏的孩子更可能对来自不同文化的人有积极的态度，因为网络游戏让他们接触到更多样化的朋友群。

这些正面的研究结果并不能改变许多孩子花太多时间玩网络游戏的事实，对一些人来说，这是一个真正的问题。2018年初，世界卫生组织（the World Health Organization）在其最新的《国际疾病分类手册》（*the International Classification of Diseases Manual*，ICD-11）草案中增加了"游戏成瘾"（gaming disorder）。根据ICD-11，"游戏成瘾的特征是持续或反复的游戏行为模式（数字游戏或视频游戏），可能在线，也可能离线。这种行为模式的严重程度足以导致个人、家庭、社会、教育、职业或其他重要功能领域的显著损害"。

好几个国家已经将游戏成瘾列为一个重大的公共健康问题。韩国政府出台了一项法律，禁止16岁以下的儿童在午夜至早上6点之间玩游戏。在日本，如果玩家花太多时间玩游戏，他们会收到一个警告，中国的腾讯（互联网增值服务的领先供应商）也限制了儿童每天玩最流行的游戏的时间。

我不让自己的孩子玩电子游戏，但是，当我的大女儿上高中时，她辅导的五年级女孩向她介绍了《我的世界》（*Minecraft*）手游。"我不敢相信，小时候，您居然不让我们玩《我的世界》这样的游戏！"一天晚上，在一次辅导课后，她严厉地批评了我。"你知道孩子们花了多少钱学习这款游戏吗？"我不知道。但从那以后，我了解到，《我的世界》是一款让用户建立自己的世界和体验的游戏，它帮助孩子们发展空间推理、解决问题、阅读、写作、数学等技能，因此备受赞誉。所以，如果孩子们玩网络游戏（尤其是在很小的时候），家长们确实需要担心一些问题，但网络游戏也有一些积极的好处。我们应该让我们的孩子知道这些好处，并保护他们免受不利影响。

网络游戏的不利影响

一天早晨，12岁的小男孩朱尔斯（Jules）很早就来上课了。他的脸庞如此可爱，看上去还不到10岁。我问他周末过得怎么样，他告诉我，他大部分时间都在玩《侠盗猎车手》（*Grand Theft Auto*，GTA）。GTA是一款M级动作冒险游戏。这意味着娱乐软件分级委员会（Entertainment Software Rating Board）已经确定它适合17岁以上的"成熟"玩家。在这款游戏中，玩家扮演三个罪犯中的一个（可以来回切换），他们在虚构的洛杉矶或其他大城市中完成任务。常识媒体网站上发表过GTA游戏评论（你可以在该网站上找到儿童在网上做的几乎一切事情的有用评论）："玩家不仅会杀死黑帮成员，还会杀死警察和无辜的平民，他们会在实施有预谋的犯罪（包括特别吓人的酷刑场景）时使用武器和车辆。女性经常被描绘成性欲工具，比如，在某个脱衣舞俱乐部的迷你游戏中，玩家可以抚弄上身赤裸的脱衣舞者的身体。"

当时我并不知道这些，于是立即回复了朱尔斯："也许我什么时候会去看看这款游戏。"他惊恐地看着我："别去看了，格雷伯女士，上面的人爱骂战。你玩不转的。"

朱尔斯告诉我，许多游戏玩家会随意咒骂，因为他们认为："除了其他玩家，谁会听到我的话？"另外，他们是角色扮演。你觉得暴力罪犯在射杀他人之前会礼貌地道歉吗？

根据这个小男孩的消息渠道，我得知，电子游戏中的脏话和霸凌往往针对"雏儿"（squeakers），即最年幼、最天真和最新加入的玩家。

"是啊，这个雏儿开始玩《使命召唤》（*Call of Duty*）了，"那天早上，加入我们谈话的另一个12岁的小男孩罗斯（Ross）说，"每个人都在骂他。

我能听到他在轻声哭泣，于是教他如何使用他的静音键。"

我虽然称赞罗斯的同理心，但无法摆脱脑海中浮现的一个在某处对着屏幕哭泣的小孩的画面。

"顺便问一声，什么是《使命召唤》？"我问罗斯。

这时，13岁的干瘦少年特洛伊（Troy）插嘴了："这是一款单人射击游戏，充满暴力和血腥。很久很久以前，我就开始玩《使命召唤》了。"他告诉我，他9岁时第一次开始玩这款游戏。

"是的，我当时是个新手，"他说，"我记得我第一次登录的情景。我说：'嗨！'然后，大家开始骂我、欺负我。我在玩那款游戏的第一个小时就学会了所有的脏话。"

我早上的谈话（我在各个学校的谈话都一样，照葫芦画瓢而已）是许多成年人讨厌一切电子游戏的原因。但是，我们都无法阻止青少年玩游戏或谈论游戏。明智的方法是观察他们在玩什么，因为每一款单人射击游戏都和《使命召唤》一样暴力。所以，请帮助你的孩子找到合适的游戏，问问他们在和谁说话，他们在说什么。最重要的是，要注意年龄限制。通过常识媒体网站，你可以很容易地找到几乎所有游戏的推荐年龄和评论。请不要让你9岁的孩子在屏幕前默默哭泣。

频繁地网上冲浪会导致抑郁吗

也许吧。

青少年的焦虑和抑郁发作率呈上升趋势，至少许多专家是这么说的。哥伦比亚大学梅尔曼公共卫生学院（Mailman School of Public Health）和纽约市立大学公共卫生与健康政策研究生院（Graduate School of Public Health and Health Policy）的研究人员报告说，从2005年到2015年，12岁以上的美国人患抑郁症的比例显著上升，其中，青少年群体增长最快。让·特温格（Jean Twenge）在书中写道，自2012年以来，青少年的自尊、生活满意度和幸福感都大幅下降，同年，智能手机在美国的使用率达到 50%。特温格利用庞大的数据库和多年来进行的全国性大型调查，总共询问了 1100 万人，得出了一个令人信服的结论：智能手机是造成这个问题的罪魁祸首。根据数据，她的推断如下。

结果再清楚不过了：花更多时间在屏幕活动上的青少年更可能不快乐，而花更多时间在非屏幕活动上的青少年更可能快乐。没有一个例外：所有的屏幕活动都与更少的快乐有关，而所有的非屏幕活动都与更多的快乐有关。

虽然她的观点听起来很有说服力，但一些专家对这些结论提出了质疑，主要是因为特温格把智能手机和青少年的焦虑联系起来。也就是说，这些数据并不能证明智能手机是导致青少年抑郁的直接原因，其他因素可能也在起作用。这可能是因为抑郁的孩子花在社交媒体上的时间更多（一些研究表明，其实同样多），也可能是因为不抑郁的孩子花在社交媒体上的时间更少。导致孩子抑郁，可能还有其他原因——比如，枪支暴力，高校招生，或是日常新闻。或者，我们可以在报告和诊断抑郁和焦虑方面做得更好。来自哈佛大学的研究人员（10 年前他们就研究青少年上网问题了）警告说："没有一个答案可以独立解释整个一代人的心理健康和幸福问题。"

正如路特里奇博士指出的，大多数研究表明，"社会联系是抑郁的解药，而不是抑郁的原因"。她建议，问问青少年自己为什么会感到抑郁，这样可能更有意义，所以，我就这么做了。当我问一个 13 岁的女孩时，她疑惑地看着我，不知道我为什么会问这么荒谬的问题。"我们抑郁是因为我们是青少年。"她实事求是地告诉我。我几乎能听到她出于礼貌而没有说出口的"咄"①。

---

① 咄：表示犹豫、不快或轻蔑的感叹词。——译者注

其他青少年告诉我，与朋友在网上联系可以让他们感觉"不那么抑郁"。

"当我感觉不好的时候，我经常在社交媒体上求助于我的朋友，"14岁的害羞女孩凯莉（Kelly）说，"这让我感觉能更好一些。"

尽管很难否认特温格的结论（相信我，我已经试过了），但念念不忘有什么好处呢？把智能手机从青少年生活中剔除，这是不可能的。

幸运的是，同样的数据显示，最快乐的青少年是那些花少量时间进行在线交流活动的人，而不是那些不花时间上网的人。减少屏幕时间，而不是消除上网时间，似乎是治愈青少年的最佳处方，也是一个更现实的目标。

金发姑娘和三只熊的故事

在童话故事《金发姑娘和三只熊》中，金发姑娘在森林里散步，无意中发现了一所房子，房子里有三碗粥。她发现，第一碗粥太热了；第二碗粥太冷了；第三碗粥刚刚好，所以她吃光了第三碗粥。事实证明，这则寓言可能完全适用于数字技术。

研究人员安德鲁·普日贝尔斯基（Andrew Przybylski）和内特·温斯坦（Netta Weinstein）推测，青少年使用数字产品的时间可能也存在类似的"甜蜜点"[①]。他们的研究显示，看屏幕的时间可能会给青少年提供发展社会关系和技能的机会，从而有益于他们的健康。在某个程度之前，屏幕时间与青少年健康成正比，在那之后，屏幕时间与青少年健康就成反比了。

就像从童话故事中发现的一样，这些研究人员发现，看屏幕时间的长短似乎与青少年的心理健康有关，而这一程度因星期几而异。在工作日，青少年健康在以下几个方面达到了顶峰：

---

① 甜蜜点：高尔夫术语中的最佳击打位置。——译者注

- 玩了 1 小时 40 分钟的电子游戏。
- 用了 1 小时 57 分钟的智能手机。
- 看了 3 小时 41 分钟的视频。
- 用了 4 小时 17 分钟的电脑。

然而,在周末,青少年进行的数字活动可以比平时多出 22 分钟到 2 小时 13 分钟,因此才会显示出负面影响。

研究人员还表示,并非所有的数字活动都是平等的。有些活动帮助青少年建立生活和社会技能,反过来又促进健康。研究人员甚至认为,有些数字活动可能不会取代有意义的、有助于社会发展的线下活动,但请坚持一个习惯——读书!

网友太多怎么办

和网友在一起,有没有可能把一件好事做过头?简单的回答是"有的"。

据说,每个青少年平均有 300 个网友。在我看来,这个数字听起来很少。快速浏览一下你的孩子及其朋友的社交媒体账户,你会发现一个不同的结果。我更常见的朋友数量范围从 300 到 1000,甚至更多。

对于一个青少年来说,要处理这么多的人际关系实在是太难了。这是有科学依据的。人类大脑能维持的稳定关系的数量要少得多:150。

这是英国人类学家罗宾·邓巴(Robin Dunbar)发现的规律。从人脑的平均大小来判断,一个人在一个社会群体中能够有效管理的人数是 150 人。他推测,再多一点,对大脑来说就太复杂了。然而,年轻人要应付这么多,甚至还要多得多的朋友。

有人问邓巴,虚拟的社交网络是对交朋友有帮助,还是最终会减少美好友谊的数量?他无法做出选择。"这是无法估量的,"他说,"我们还没有看到在脸书等环境中长大的整整一代人走向成年。"

为了"赞"而生活

如果我在上传照片的 5 分钟内没有得到 100 个赞,我就会删除这张照片。

——八年级学生

当孩子们(或任何人)在社交媒体账户上发布信息时,他们是在对自己的一大群朋友讲话,并期待或希望许多人会通过评论或点赞来回应。这些"赞"(对年轻人来说,它可以转化为积极的肯定)会影响青少年发布和保留的帖子类型。

对许多青少年来说,监控他们的社交媒体订阅源变成了一项耗时的任务,其中包括追踪他们的"赞"。2015 年,宾夕法尼亚州立大学(Penn State University)的研究人员发现,大多数青少年上传了大量照片,但是,如果没有立即收到一大堆"赞",他们会迅速删除这些照片。在另一项研究中,青少年明确表示,要想在照片墙上传播人气,必须规定"赞"的最小数量。这个最小数从 30 到 90 不等。有趣的是,有研究表明,男性发一个照片墙帖子,平均需要 59 个"赞"才能感到快乐,而女性只需要 45 个。

还有一件事可能会让你大吃一惊——成年人在照片墙上发布的照片比青少年多。这一惊人的事实在我自己的家庭中也同样成立。我的丈夫是一名电影摄影师,他在照片墙上发了很多漂亮的照片,我们十几岁的女儿不止一次因为他发的照片太多而指责他。如今,他试图坚持女儿强加给他的"一天只发一张"原则。

寻求同伴认可和积极肯定的方式是如何影响年轻人(和成年人)的幸福感的,这是一个刚刚开始得到回答的问题。英国儿童委员会(Children's Commission for England)的一项研究发现,虽然年纪较小的孩子在收到朋友的点赞或评论时感觉良好,但在 7 年级左右(初中),他们开始过度依赖这种肯定了。

这个时期，孩子们开始使用技巧帮自己获得大量的"赞"。技巧有哪些呢？据我询问过的孩子们说，这些技巧从"大量点赞和评论朋友的帖子"到"使用正确的标签""标记正确的朋友""邀请朋友给你的帖子点赞和评论"，最重要的是，"选择合适的时间发布"。孩子们说，"睡觉前发帖子"是收集大量"赞"的最佳时机。

焦虑和社交控

许多家长担心，这些社交媒体管理肯定会给他们的孩子带来焦虑。事实证明，这种担忧是合理的。2017年，一项针对近1500名青少年的调查发现，照片墙（以及脸书和推特网）与高度抑郁、霸凌，以及害怕错过好玩的人和事的"社交控"有关。照片墙是最不利于心理健康和幸福的社交媒体网，上面的个人照片或自拍照通常是精心编排或修饰过的。一名青少年受访者写道："照片墙很容易让女孩和女人觉得自己的身材不够好，因为人们会添加滤镜，编辑照片，让自己看起来很'十全十美'。"

英国皇家公共卫生学会（the United Kingdom's Royal Society for Public Health）发布的《心智状态》（*Status Of Mind*）调查显示："经常和朋友一起度假或晚上出去玩，会让年轻人觉得：自己错过了很多东西，而别人却在享受生活。这些感觉会促使年轻人产生攀比心理和绝望心态。他们可能会浏览大量美化过、编辑过或编排过的照片和视频，并将它们与自己看似平凡的生活进行比较。"

不过，研究人员也发现了使用社交媒体的一些好处。接受调查的五大网络（照片墙、快拍网、YouTube视频、推特网和脸书）在自我认同、自我表达、情感支持方面都获得了积极的分数。YouTube视频在提供可靠信息方面得分很高，脸书则因提供让年轻人结交志同道合的朋友的群组或页面而受到称赞。

年龄依然很重要

儿童如何使用和回应社交媒体，在很大程度上取决于他们的年龄。年幼的孩子"以有趣和有创意的方式使用媒体——通常是玩游戏"，可到了中学阶段，这种轻松的态度突然改变了。英国儿童委员会的一份报告显示，随着社交媒体与同龄人接触的增加，孩子的幸福感达到了悬崖边缘。这正是孩子们需要"有关数字素养和网络适应力的课程"的时候，因为"更小的时候学到的关于网络安全的课程是不够的"。

我完全同意，这个阶段的孩子管理在线社交生活时需要帮助。与中学生谈论他们的网上生活，让他们有机会注意到，计算"点赞"数量或在晚睡前发帖的荒谬之处。通常，他们各自得出结论："天哪，也许真的不值得这么麻烦。"这种发现是否会持续一到两个星期，还很难说。但我确实知道：孩子们不太可能退一步思考这种可能性，除非成年人为他们提供时间和机会。

我的朋友丽兹·雷平（Liz Repking）是网络安全咨询公司（Cyber Safety Consulting）的创始人和首席执行官，她经常去学校和孩子们谈论数字生活，她自己也有三个孩子。"真正让我动心的是，当涉及数字事务时，孩子们是多么渴望有人能为他们提供帮助、普及知识和指明方向，"雷平说，"他们是如此渴望。我们必须给这些孩子需要的帮助。"

雷平说得对。孩子们确实需要我们的帮助，尤其是学习如何避免在网上建立和维持关系所带来的巨大风险。下面看看他们需要我们帮助的两大问题：性短信和网络霸凌。

性短信

彼得·凯利（Peter Kelley）在帮助我研究"网络公民"课程之前，是南加州一所公立高中的英语老师。2016年，我们开始合作的时候，他给我讲了一个至今仍萦绕在我心头的故事。

在彼得的学校,有一个受欢迎的啦啦队长叫嘉莉(Carrie),她活泼外向,当时上高三。嘉莉似乎事事顺利,直到有一天,她犯了一个严重的错误。她在和同校的一名男孩谈恋爱期间,俩人拍了一段性爱视频。之后不久,他们就分手了。然后,不管出于什么原因,或者根本没有任何原因,这个男孩把这段视频分享给了一些朋友,这些朋友又把视频分享给了各自的朋友,以此类推。彼得告诉我,不久以后,学校里没有人没有看过或者不知道那段性爱视频了。

嘉莉因此被啦啦队开除。她的啦啦队朋友不再和她一起玩了,很快,当她经过时,其他学生开始对她指指点点或报以嘲笑。据彼得(他也是学校的网球教练)说:"她想尽办法结交新朋友,重新回到学校生活,甚至在没有任何经验的情况下申请加入网球队。当然啦,在高中,你很难在一项你从来没有参加过的运动中获得一个位置,所以,她没有被选入球队。她很难找到一个合适的位置。"

"我看着这个超级外向、自信的女孩变成了一个悲伤、胆怯的人,"彼得告诉我,"看着真的令人心碎。这是为一个错误付出的高昂代价。"

那件事促使彼得决定辞去教学工作,开始和我一起工作,尽管他说:"我很抱歉,我没有停留足够长的时间看看这个女孩最后怎么样了。"但在辞职之前,他在一堂英语课上问学生:"谁认为自己可以从中学的数字素养课程中受益?"

"每个同学都举手表示受益啦!"他说。

收性短信和发性短信一样麻烦

发性短信是指在数字设备(最常见的是手机)之间发送、接收或转发任何性短信、照片或图像。在美国大多数州,向18岁以下的人发性短信是违法的,即使是两个正在谈恋爱的青少年之间也不行。

青少年很少意识到性短信的完整定义,更令人担忧的是,他们不知道它的后果。每年，我都要给八年级的学生讲授有关性短信的课程，并向他们解释，如果他们拍摄并分享自己的露点色情图片，他们实际上是在制作、传播或持有儿童色情作品，这时，他们会感到惊讶，甚至震惊。我还说，他们收到来路不明的性短信和发送性短信一样麻烦。

尽管发性短信被抓的后果很严重，但如今大多数学校都没有给学生上过这样的课程。在我居住的加利福尼亚州，"根据该州的《儿童色情禁止法》（Child Pornography Laws），传播、拥有或制作未成年人的色情图片的个人可能会受到指控。如果此人以成人身份受审并定罪，他可能会被判处长达6年的监禁，并将成为登记在案的性犯罪者"。

在那些没有制定具体法律来处理未成年人发送性短信的州（大多数州都是这样），拥有描绘未成年人的色情内容属于现有的《儿童色情禁止法》范畴。

我希望这对你和对我一样不公平。

我的助理安娜（Anna）是个聪明的大学生，她在我写这本书的时候帮助了我。有一天，我问她，上初中或高中时，是否有人教过她有关性短信的知识。"没有，绝对没有，"她对我说，"我不知道，收到性短信会和发送性短信一样麻烦。我是从派珀（Piper）那里得知的，这真是个惊喜！"派珀是我的女儿。我教"网络公民"课程的第一批学生中有她，因此，她不得不忍受她母亲（也就是我）在她八年级时向她和她的同学解释性短信的尴尬。撇开她的不安不谈，我很高兴听到这堂课中教授的知识已经扩展到我们的小教室之外。

谁在发性短信

2018年初，发表在《美国医学会杂志》（Journal of the American Medical Association，JAMA）上的一项关于青少年性短信的综合研究显示，1/4的青少年报告说曾收过性短信，1/7的青少年报告曾发过性短信。鉴于这样的罪行被抓的严重性，这些结论令人震惊。

从事这项研究的人员分析了大量的数据——39项研究中有11万名参与者，年龄在11~18岁，男女各占一半。他们发现，近年来，由于现在持有手机的孩子越来越多，发性短信的孩子也越来越多，且不仅仅是男孩向女孩索要"裸照"，发送或接收性短信的性别没有显著差异。数据还显示，随着年龄的增长，青少年发送和接收性短信的可能性也越来越大，这一结论支持了这样一种观点："青少年发性短信可能是性行为和发育的一种新趋势，并且可能是正常现象。"

米歇尔·德劳因（Michelle Drouin）博士对这些数据并不感到惊讶。"我想说，现在发性短信是青少年和成年早期的正常倾向，"她告诉我，"所以，发送一些露点的性信息是非常非常普遍的。这可能是一条纯文本信息，也可能是照片或视频信息。我有一半以上的年轻学生都发过这样的信息。到了成年早期，他们中超过一半的人会发送露点的性图片。"

德劳因博士是一位发展心理学家，也是普渡大学（Purdue University）韦恩堡分校（Fort Wayne）的心理学教授。她也是一位国际知名的演说家，经常在各地发表有关数字技术和人际关系的演讲，包括社交媒体和性短信。和德劳因谈论性短信让人感到安慰，因为她是在正常青少年行为的背景下，就事论事地看待它，我认为这一点很重要。虽然媒体和法律（《儿童色情禁止法》）把它描绘成一种危险和非法的行为，但如果你剥去歇斯底里的外衣，从发展的角度来看待它，它就会变得完全不同。

"这不是坏孩子的专利，"德劳因解释道，"相反，你所拥有的是一场完美的性萌芽风暴，结合了孩子们在数字设备上的第一次自由。最重要的是，这种性萌芽发生在前额皮质（大脑中负责控制冲动的部分）完全发育之前。就思考后果的能力而言，青少年的大脑还有相当长的一段路要走。所以，孩子们经常不假思索地发性短信。"

他们也相信自己不会被抓到。但事实是这样做的后果可能是毁灭性的，比如下面这些案例：

- 爱荷华州风暴湖校区（Iowa's Storm Lake School District）的 7 名学生，年龄在 15~17 岁不等，因分享包含裸照的手机短信而面临刑事指控。其中 3 人面临重罪指控，其余 4 人面临严重轻罪指控。
- 密歇根州一名 17 岁的足球明星与 16 岁的女友交换裸照，他被指控两项二级性剥削和三项三级性剥削。如果罪名成立，他可能会在监狱中度过 10 年，并成为登记在案的性犯罪者。就在等待审判期间，他被高中橄榄球队开除了。他的女友选择了认罪协议，被判缓期一年执行，不能使用手机，必须参加一个课程，学习如何做出更明智的生活决定，并支付 200 美元的罚款。
- 纽约长岛（Long Island）的 20 名高中生被勒令停学 5 天，原因是他们只是接收或转发了一段通过群发短信发给他们的性爱视频。被停课的学生包括那些收到视频却没有看过视频的学生。

我在写这本书的过程中采访了几位专家，他们告诉我，性短信已经成为与他们合作的学校中最严重的问题之一。即使是那些自己没有发过性短信的青少年也知道或听说过朋友发过、被要求发过或通过电子设备收到过露点的性短信。我听说的也是这样的。用我的一个学生的话来说，"在高中，每个人都这样做"，至少每个人都是这么想的。

似乎参与性短信的青少年群体不会减小，尤其是在其不了解后果，尚未接受相关教育的情况下。《美国医学会杂志》的研究人员之一杰夫·坦普尔（Jeff Temple）告诉《华盛顿邮报》（the Washington Post）记者："随着青少年和孩子们拥有智能手机的年龄越来越小，我们将会看到发性短信的青少年越来越多。"

如何向孩子解释性短信

刚开始教"网络公民"课程的时候，我很难为学生提供关于性短信的正确建议。毕竟，这与我告诉他们的几乎所有其他网络危险恰恰相反："对证据进行截屏吧。"显然，鼓励学生在手机上保留儿童色情内容并不是最好的指导。幸运的是，我在网络霸凌研究中心（Cyberbullying Research Center）的贾斯汀·帕钦（Justin Patchin）博士撰写的一篇博客文章中找到了我一直在寻找的建议，这些建议是用学生可以理解的语言写的。今天，我把这段话与各位读者分享：

如果你确实收到了（色情）图片，很可能是一个好朋友（男朋友或女朋友）发来的。因此，你可能不想给这个人带来太多的麻烦，但你也知道，兜售这类图片，可能不会成就人生好事。仔细想想，这是非常不合适的、不道德的，而且可能是非法的。那你怎么办呢？大多数成年人可能会建议你告诉一个"你信任的成年人"。对于你遇到的许多问题，这通常是一个很好的建议。然而，如果你收到的是一张未成年人的裸照，这对所有人来说都是毁灭性的灾难。如果你把照片拿给老师看，法律可能会要求他或她向警方报案。不这样做的教师可能会被吊销教师执照或被校方解雇。如果他们不知道该做什么，并向同行的老师寻求指导，他们可能会陷入更多的麻烦。如果你把你有裸照的手机交给老师，他或她向另一位老师展示，那么，因为他们拿了你的手机，两个老师（和你）都可能被指控"持有"儿童色情作品。警方经常将这些图片视为儿童色情作品——不管发件人的意图或涉嫌人员的关系如何。这意味着，如果你拍了这张照片，你可能会被指控"创作儿童色情作品"。如果你发送或转发图片，你将被指控"传播儿童色情内容"。如果你把图片放在手机里，你可能会被指控"持有儿童色情作品"。在某些情况下，你甚至会沦为国家登记在案的性侵犯者。

对于收到同班同学全裸或半裸照片的青少年，我的建议很简单：立即删除它。不要把这件事告诉任何人。如果你参与调查，有人问你是否收到了图片，你应该告诉他们"收到了，但我立即删除了"。如果有必要，他们可以从你的服务提供商那里获取你的手机记录,并搜索你手机的内容,这将显示你在收到图片后几秒钟内就删除了。这对你来说是最好的情况。有些成年人不喜欢这个建议,因为他们想知道如何解决这个问题,但我认为,这是我能给青少年的唯一安全的建议。

网络霸凌

虽然本章以一个被曲解为"网络霸凌"的轻松轶事开头,但必须承认,网络霸凌是数字时代的一种严重且尚未解决的问题。如果你想获得关于网络霸凌的全面教育——对于任何有孩子的父母来说,在这方面花时间都是明智之举——我强烈建议你访问网络霸凌研究中心网站(https://cyberbullying.org),创始人是萨米尔·辛杜加(Sameer Hinduja)博士和贾斯汀·帕钦博士。该网站是两人在密歇根州立大学(Michigan State)研究生院研究网络霸凌时建立的,它提供了大量关于预防和应对网络霸凌的可靠研究和其他资源。

辛杜加定义网络霸凌为"使用电脑、手机和其他数字设备而造成的故意的反复的伤害",这符合我给学生的四个指标:在线、故意、反复、伤害。他说,关于网络霸凌的发生率,以下是他们对12—17岁美国青少年调查统计后得出的代表性数据:

- 73%的学生报告说,他们曾在学校被霸凌过(其中44%的人说,在过去30天内被霸凌过)。
- 34%的学生曾经体验过网络霸凌(其中17%的学生在过去30天内经历过网络霸凌)。

每年,我都会问哪些同学被霸凌过,大约一半学生举起了手。然后我问他们是否认识被霸凌过的人。每个孩子都举手回答了这个问题。每个孩子都举手了!

无论如何,经历过或目睹过霸凌事件的青少年群体大得惊人。事实上,根据辛杜加的调查,将近3/4的孩子在学校里被霸凌过,这是自从上学以来就一直存在的问题，真够糟糕的。但是，当我们认识到，新的数字技术催生了一种全新的暴力行为——网络霸凌，而且每三个孩子中就有一个经历过，所有人都要警惕起来。通常是同样的孩子忍受两种类型的霸凌。网络霸凌研究中心的一个项目发现，42.4%的网络霸凌受害者也是线下霸凌的受害者。

值得注意的是，虽然很多孩子在网上都经历或目睹过暴力，但也有很多孩子经历或目睹过善良。皮尤研究中心的一份报告写道，69%使用社交媒体的青少年认为，社交网站上的同龄人大多对彼此友善。这再次证明，孩子们的数字生活是混乱和复杂的。

这些积极的数据不应该让我们逃避责任。没有语言可以表达一个遭受霸凌的孩子眼中的痛苦。我们必须解决这个问题。

网络霸凌的特点

虽然面对面的霸凌比网络霸凌更普遍，但网络霸凌的一些特点使其变得尤为激烈：

1. 网上无法彻底删除信息。在网上，受害者只好忍受不断的暴力提醒。即使他们阻止发送者或从他们自己的设备中删除证据，其他孩子也可能会看到、保存或共享。

2. 网络是持久的。虽然孩子们可以远离身体霸凌，但当他们回家时，却无法躲避网络霸凌。大多数孩子每时每刻都随身携带电子设备。

3. 网络是开放的。每个人都能看到发生在网上的霸凌事件。

最后一个因素可能对受害者有利——网络霸凌对许多人来说是可见的。想象一下，如果每个年轻的旁观者（亲眼看见网络暴力的人）都学会了如何成为一个挺身而出的人（对网络暴力有所作为的人），该多好啊。这对结束网络霸凌大有帮助。请参见本章末尾的活动，该活动向你展示了如何教您的孩子成为挺身而出的人。

霸凌和自杀

我们无法知道一个受到虐待的孩子（也就是受害者）会做何反应。有些孩子有很强的适应力，而另一些孩子对任何形式的暴力都很敏感。我在写这些文字的时候，互联网上充斥着儿童自杀的故事，在数字时代，这叫"因霸凌自杀"（bullycide）：

- 来自佛罗里达州巴拿马城海滩的12岁男孩加布里埃拉·格林（Gabriella Green）在遭受了两名12岁同学的网络霸凌后自杀身亡。
- 10岁的阿沙恩蒂·戴维斯（Ashawnty Davis）与另一名女孩打架的视频被上传到社交媒体网站上后，她上吊自杀了。
- 来自佛罗里达州莱克兰的12岁女孩丽贝卡·塞德威克（Rebecca Sedwick）在被两名少年（12岁和14岁）网络霸凌后跳楼身亡。

这些悲剧事件（让人伤心欲绝）都有另一个共同点：受害者和大多数作恶者都在12岁或以下。他们太年轻了，不适合在社交媒体网站上注册账号，因为社交媒体是大多数霸凌事件发生的地方。尊重社交媒体网站的最低年龄要求，似乎是痛苦但显而易见的简单解决方案，至少可以减少网络暴力。

父母可以做点什么

父母们要关注上网的年龄限制，并告诉孩子如何使用设备，此外，他们还能做些什么来保护孩子免受网络霸凌呢？"首先也是最重要的是，父母必须确保自己的孩子感到安全，"辛杜加建议道。悲哀的是，"经历过网络霸凌的学生中，近2/3（64%）的人表示，这确实影响了他们的学习能力和在学校的安全感"。父母必须是孩子的拥护者，必须花时间与孩子交谈和听孩子倾诉。如果孩子涉及事故，父母必须通知学校。

当网络暴力发生时，父母也可以帮助孩子收集证据（我将在本章末尾教大家怎么做），并帮助他们把证据交给正确的一方——学校、社交媒体网络、游戏网站、服务提供商或任何其他可能涉及的实体。

最后，父母应该问问孩子的学校是否和如何教他们预防霸凌和网络霸凌。每个学校都必须为此腾出时间。

"网络公民"课堂活动

关于性短信

尽管你可能感到别扭，但你必须和孩子谈谈性短信。如果你认为孩子还太小，不能讨论性短信，那么，他们还太小，也不能拥有一个带摄像头的联网设备。请参考以下谈话要点：

1. **明确"性短信"的含义**。不要以为你的孩子知道什么是"发性短信"。告诉他们，发性短信就是通过手机或互联网发送、接收或转发色情或性暗示图片、信息或视频。当他们问你"性暗示"的定义时，不要惊讶。请解释，在大多数地方，发送给未成年人或在未成年人之间发送此类图片是一种犯罪行为。这些例子将帮助你的孩子理解什么样的事情可以归类为性短信：

- 全裸或近乎全裸的自拍；
- 展示裸体或性行为的视频；
- 提出性要求或涉及性行为的短信。

2. **拒绝这类要求**。告诉你的孩子，如果有人向他们索要露点的色情图片，他们应该拒绝。告诉他们，在任何情况下，他们都不应该有这类要求。

3. **删除性短信，不要回复**。如果有人给你的孩子发送色情图片，告诉他们立即删除。在任何情况下，他们都不应该与他人分享露点的色情图片，无论这样做多么诱人都不可以。

4. **勇敢举报**。告诉你的孩子，如果他们知道或听到有人在散发露点的色情图片，要勇敢举报。当然，他们首先要弄清楚这是谁的照片。

5. **点击发送之前要三思**。尽早并且经常向你的孩子解释，一旦通过电子设备发送图像或信息,他们就无法控制后面的事情了。这些信息永远也收不回来了。很可能的是,不该看的人也看到了。

6. **给孩子讲警示故事**。要强化这些观点,最简单的方法是给孩子讲述警示故事,在网上很容易找到这样的故事。如果你搜索关键词"性短信"和"高中",你会有很多悲伤的故事可分享。请选择适合孩子听的故事。不要说教,但要提出引导性的问题,比如,"你觉得这个故事怎么样"和"如果你处在这种情况下,你会怎么做"。

善良和同理心

遏制网络霸凌最有效的方法是提前阻止。这就是培养同理心的作用。

这个简单的活动是第二章"讲故事"中推荐活动的延伸版。即使孩子们已经小学毕业,他们也会渴望好故事,较之无聊的讲座,迷人的故事更能让孩子学到好东西。旅程学校的网络霸凌预防课程围绕着这些人的故事展开——英雄、可敬的人、楷模和现实生活中其他挺身而出的人。辛杜加说,他和帕钦也是故事迷,因为他们"培养青少年的同理心,以确保他们能够感性地理解自己在网上的一些行为可能造成的伤害"。以下是他们推荐的几本书:《聋子》(*El Deafo*)、《奇迹男孩》(*Wonder*)、《同一个太阳》(*Same Sun Here*)、《离开和回归》(*Inside Out and Back Again*)、埃利·威塞尔(Elie Wiesel)的《夜》(*Night*)、《红色羊齿草的故乡》(*Where the Red Fern Grows*)和《失心疯》(*Out of My Mind*)。

如何应对网络霸凌

许多学生告诉我,如果他们遭遇网络暴力,或者看到别人遭受网络暴力,他们不知道该怎么办。

这是不可接受的,尤其是考虑到88%使用社交媒体的青少年曾在社交网站上看到别人的卑鄙或残暴。更不用提的是，90%使用社交媒体的青少年亲眼看见了网络暴力，超过 1/3 的人表示自己经常忽视这一点。

想象一下，如果所有的孩子都知道，他们或他们的朋友遭遇网络霸凌该怎么做，他们就会照做。步骤很简单：截屏、屏蔽和交谈：

1. **截屏**。先截屏证据。确保你的孩子知道如何使用他们的联网设备截屏并保存任何有害信息。如果你自己都不知道怎么截屏，那就搜索关键词"如何用××（设备类型）截屏"。截屏可以让你的孩子保存任何残暴评论，并作为证据与一个值得信任的成年人分享，或者将事件报告给发生暴力行为的社交媒体网络。

2. **屏蔽**。告诉你的孩子，他们无须对网络暴力逆来顺受。这种活动很容易阻止。辛杜加分享了这条宝贵的建议：孩子们可以通过屏蔽和报告骚扰或惹恼自己的用户来控制其在线体验。每个重要的社交媒体应用程序和多人在线游戏都内置了这种功能，小孩子不需要和卑鄙的人打交道。此外，对于任何危及其在线体验质量的人，他们应该毫不犹豫地取消关注或解除好友关系。有时这很难做到（成年人也很难做到），但我们必须这样做。

3. **交谈**。鼓励你的孩子和一个值得信任的成年人谈论任何让他们感到不爽的网络事件。希望那个值得信任的成年人是你！即使那个人不是你，也要鼓励你的孩子向老师、教练、家庭朋友或亲戚寻求帮助。另外，告诉你的孩子去联系参与事件的社交媒体公司、网站、游戏网络或服务提供商。大多数媒体都有严格的政策禁止任何形式的暴力行为。

做个挺身而出的人

最近，在走访一所中学时，我问学生们是否知道"挺身而出的人"（upstander）这个短语的意思。也许孩子们太过腼腆，他们都说不出这个短语的意思。最后，经过长时间的尴尬冷场，坐在教室后面的一个男孩举起了手：

"这听起来就像我妈妈常说的：搭把手。"我心想：这孩子说得多好啊！

下面有3个简单的方法，可以让孩子在网上"搭把手"：

1. **给人安慰**。告诉你的孩子，他们不需要站起来反抗网络暴力的作恶者，就可以成为一个挺身而出的人。通常情况下，无论是在线上还是线下，孩子们都很难面对冲突。告诉他们，给予支持或向受害者分享一句善意的话，可能就是对方需要的帮助！

2. **举报**。告诉你的孩子，他们无须等到自己成为网络暴力受害者时才举报。他们可以截屏，告诉一个信任的成年人，或者向事件发生的社交媒体网络报告。

3. **挺身而出，但要友善**。有些孩子确实有勇气对抗网络暴力的作恶者。对于这些孩子，我要说的是，"以仁慈对抗残暴"。建议你的孩子不要堕落到网络暴力的地步。相反，他们可能会尝试用关心或善意的信息来化解发件人的怒气。喜剧演员莎拉·西尔弗曼（Sarah Silverman）巧妙地做到了这一点，这是她回复一个恶意评论者的话："你的愤怒是毫不掩饰的痛苦……看看当你选择爱时会发生什么。"想象一个充满善意和关心的网络世界吧。那才是真正的"挺身而出"！

第六章　个人隐私

> 脸书正在改变隐私的定义、孩子的定义、"人性化产品"的定义。常言道，如果你不付钱，那你就不是顾客，而是产品。
>
> ——乔纳森·塔普林《快速行动，破除陈规》
> (Jonathan Taplin, *Move Fast and Break Things*)

每年我都会在七年级的课堂上捉弄一下大家。我会在开始常规课程之前发表一个特别声明："校长刚刚聘请了一家研究公司帮助他整顿学校，以更好地满足你们的需求。为了完成这项任务，研究人员将在校园里待一周。在此期间，他们会收集你们的个人信息，比如你的姓名、年龄、地址，等等。他们还会跟着你们，跟踪你们的习惯，比如，你们去哪里（包括洗手间、午餐区、游乐场等），你们在那里待了多久，你们和谁在一起，以及你们每天做的每一件事。"

你们可能已经猜到了，这种策略旨在让孩子们意识到，每当他们上网、下载应用程序、玩游戏、填写表格、访问网站、购买产品或做任何事情时，他们的个人信息和习惯都会被他人收集起来，有时甚至是在他们不知情或未经同意的情况下进行的。

你可以想象十二三岁的孩子听到这个消息时是多么的愤愤不平。他们对这种严重侵犯自己隐私的行为怨声载道。当他们抱怨的时候，我已经准备好了。我递给每个学生一张纸，请他们写一封信给校长，在信中表达自己的担忧。对许多人来说，这是他们写的第一封纸质信！他们写在纸上的东西令人震惊：

"对我来说，这是对隐私的侵犯和跟踪。"

"个人信息，顾名思义，就应该是个人的东西。如果我们透露给了别人，那就不再是个人信息了。"

"我不想感觉自己就像实验室里的小白鼠。况且，我妈妈说，不要把个人信息给陌生人。"

"谁会到处跟着你，跟踪你的一举一动？这有点令人毛骨悚然。让我说得更清楚一点：真是吓死人啦！"

"你知道吗？没有征得合法监护人同意就收集孩子的个人信息，这是违法的。"

"我想知道他们将如何处理这些信息。"

"我坚信儿童享有安全的权利。"

"这些人没有权利知道我的习惯或个人信息。"

"没有我妈妈的同意，我不会做这件事。"

"不要这样啊！太吓人啦！"

可事实是，孩子们如此轻易的在应用程序中注册账号和同意服务协议而不顾及隐私或父母的批准。当我解释说，没有研究人员会来这所学校，但是，每当他们上网时，他们的个人信息和习惯会被收集起来，就像研究人员生活在他们的手机里一样，他们感到震惊不已。然后，我把他们自己说的话念给他们听。

这才是真正吸引孩子们的地方。正如一个七年级的小男生所说，"哇，我的脑袋都快爆炸了！"

个人信息和隐私安全

因为互联网可能对未成年人造成各种危险，所以，对青少年个人信息的数据挖掘似乎在父母担心的事情中排名靠后，而事实并非如此。家庭在线安全协会（Family Online Safety Institute，FOSI）在 2015 年发布的一份报告中指出，大多数父母虽然认为数字技术对孩子的生活有积极的影响，但仍然担心孩子的个人安全和隐私。FOSI 发现，与学校表现、社会关系、身体健康、数字技术运用和行为相比，父母更关心孩子的隐私。

隐私不仅对父母很重要。"隐私对孩子也至关重要。" PRIVO 公司营销与传播副总裁肖纳·莱夫（Shauna Leff）说道。PRIVO 是一家专门为企业提供隐私保护套餐的公司。"从中学开始，隐私对孩子来说就变得非常重要，"她告诉我，"孩子的网上生活就像卧室一样神秘。他们希望并期待在那里找到隐私。"

据莱夫说，孩子们也想要别的东西。"他们想要参与度，他们想要定制服务，他们希望能够使用像 YouTube 这样的免费网站。"她解释说，"但是想想看：谷歌从中得到了什么？孩子们必须明白，网络上的一切不可能都是免费的。这是要付出代价的。"

这个代价就是他们的个人信息。

个人信息的泄露

让孩子们了解，他们的个人信息是一种有价值的商品，这可能是他们开始使用联网设备的最重要的一课。我在本章开头引入的声明之后安排了各种活动，让我的学生充分理解"个人信息"这个概念。他们使用最多的应用程序要求他们阅读隐私政策和服务条款，如快拍网、照片墙，等等。在此之前，他们必须上一门基本的词汇课，教给他们在将来使用的每个应用程序或网络服务的附属细则中出现的单词和短语的含义——个人信息、储存在用户本地终端上的数据、第三方、许可、用户内容、位置信息、日志文件信息、货币化，等等。许多成年人甚至不完全理解这些术语，尽管他们在自己的手机和电脑上下载应用程序和服务时浏览并同意的政策中看到过这些词汇。

- **个人信息**：包括你的姓名、地址、电子邮件地址、电话号码、年龄等。

- **储存在用户本地终端上的数据**：你访问的一些网站在你的设备上放置的小文件，它们使网站能够记住你的数据。
- **第三方**："一方"是对个人或实体的法律术语。"第三方"是你可能与之签订协议的人以外的个人或实体。
- **许可**：做某事、使用某物或拥有某物的官方许可。
- **用户内容**：包括文字、图片、视频、音频、表情包或你在网上发布的任何东西。
- **位置信息**：关于设备用户所在位置的信息。应用程序和网站可以通过移动电话、Wi-Fi、GPS、蓝牙等来确定位置。
- **日志文件信息**：日志文件记录设备上发生的事件，可能包括搜索查询、如何使用网络服务，以及有关系统崩溃、硬件设置、浏览器类型等信息。
- **货币化**：赚钱的过程。

你可能认为，学生们会痛苦地抱怨这些冗长乏味的政策条款如此单调。相反，他们会以极大的热情来攻击这些条款，并常常对自己的发现感到震惊。我的一些学生在快拍公司的服务条款中发现了这一点："我们的许多服务允许您创建、上传、发布、发送、接收和存储内容。这样做的时候，您保留了一开始就拥有的任何内容的所有权。但您**也授予了我们使用该内容的许可**。许可的范围取决于您使用的服务和选择的设置。"

黑体字引起了他们的注意。"快拍"是快拍网的简称，他们了解并喜爱这个应用程序，因为用户的内容在被与之分享的人看到后就会"消失"。当然，大多数孩子都知道，朋友们可以截屏这些内容，并在其他地方使用，但很少有人怀疑快拍网会使用他们的内容。经过进一步的研究，学生们发现，对于上传至该应用程序的所有内容，"您授予快拍公司和我们的关联公司全球范围内免版税、可分许可、可转让、可托管的许可，以及存储、使用、显示、复制、修改、改编、编辑、发布和分发该内容的许可"。

此外，学生们还了解到，如果他们在网上将发布的故事或图片被设置为"所有人可见"，那么，故事中的任何内容都是公开的，这意味着：

您为该内容授予我们的许可范围更广。除了授予我们前文中提到的权利外，您还授予我们永久许可，允许我们以任何形式、通过任何媒体或传播方式（现在已知或后来开发的方式）创作衍生作品、宣传、展览、广播、同时发表、转让授权、公开表演和公开展示公共内容。在必要的范围内，当您登出、创建、上传、张贴或发送公共内容时，也授予快拍公司、我们的关联公司和我们的商业伙伴使用您的姓名、肖像和声音（包括与商业或赞助内容相关的部分）的不受限制的、全球性的、永久的权利和许可。

你可能需要多读几遍，才能理解这些摘录的要点。我的学生很快就弄懂了。他们发现，即使是在一个所谓的"消失"的应用程序上，他们分享的个人信息和内容也没有消失。

孩子的个人信息安全意识

课程进行了几周之后，美国全国广播公司（National Broadcasting Company, NBC）《今日秀》（*Today Show*）节目的一位制片人联系并询问我，他是否可以派一个摄制组去旅程学校。他想让我们参与他们制作的关于孩子和数字技术的系列节目。当我把这个令人兴奋的消息告诉七年级学生时，他们都不敢相信。

过了几个星期，一个新闻组真的出现在了学校里！当NBC记者雅各布·索博洛夫（Jacob Soboroff）询问5名学生，他们在"网络公民"课上学到了什么时，他们立即做了回答。"我们已经了解了隐私政策和协议条款。"一个叫尼古拉斯（Nicolas）的聪明小男孩回答道。我很惊讶，孩子们竟然脱口说出他们读过的那些无聊的法律术语，我想，索博洛夫也很惊讶。孩子们还强调说，这些内容把他们吓坏了，他们决定删除一些应用程序。

"你们显然也有不是同班和同校的朋友。他们中有谁读过社交媒体协议的条款吗？"索博洛夫问道。

"没有。"他们笑着回答。

当被问及他们是否认为自己比朋友更了解这些应用程序时，受访的5个学生都是点头同意。"那是当然！"一个学生回答，"我真不敢相信大多数孩子知道得这么少。"

保护好你的个人信息

NBC播出这段视频的同一天，脸书的创始人马克·扎克伯格打破沉默，就其社交网络和剑桥分析公司（Cambridge Analytica）的隐私丑闻发表了讲话。剑桥分析公司是一家收集和使用数千万脸书用户的个人信息的选民分析公司。当《纽约时报》和《卫报》报道此事时，脸书的股价迅速下跌了7%（顺便说一下，这是370亿美元的损失）。对于这款社交媒体应用来说，更糟糕的是，许多人考虑退出脸书，因为"删除脸书账号"的主题标签开始风靡网络。那可是件大事。但如果你深入研究这个故事，你会怀疑，如果脸书的用户受过更好的教育，或者至少对他们自愿提供给社交媒体网络的个人信息如何被使用感到好奇，事情是否会有所不同。当时的情况是：一位名叫亚历山大·科根（Aleksandr Kogan）的研究人员为脸书开发了一款性格测试应用程序……大约27万人在他们的脸书账户上安装了科根的应用程序。但与当时的任何脸书开发人员一样，科根可以访问用户及其朋友的数据。

事情远不止于此，但有一个突出的事实——那些个人信息被共享的用户可能没有仔细阅读脸书的隐私政策。他们不知道可以选择不参加测试，也不知道如何定制自己的隐私设置。很明显，这些是数字时代公民的基本生存技能。

这就是教孩子明白一个道理的重要性：上网注册账号的代价就是他们的个

人信息被泄露。但是，更重要的是，他们应该知道自己可以且应该决定在网上分享多少个人信息。

忍不住分享，怎么办

即使掌握了这些知识，孩子们还是会忍不住在网上分享个人信息。"我们生活在网络时代，人们非常热衷于在网络上分享自己的每时每刻每一件事，"莱夫说，"如果人们选择这样做的话，那就自求多福吧。大家都应该懂得选择自己想要分享什么和交换什么。"

就我个人而言，我一次又一次地选择了分享个人信息来换取优质的服务。我在音乐播放器上分享我的收听历史，作为交换，它会根据我的数据，每天为我量身定制我可能会喜欢的歌曲组合。我很享受这种交换给我带来的便利服务。

但就像所有公平的交换一样，双方都应该充分了解交换是如何进行的，即使其中一方是你认为还在玩《虚拟世界》（*Roblox*）或《我的世界》的 9 岁小孩也应如此。当孩子们下载或注册使用游戏、应用程序、音乐或其他服务时，他们不可避免地会被要求分享个人信息。大多数孩子会分享他们或你们的个人信息。那是对的。当孩子们使用父母的设备（很多孩子都是这样做的）时存储的密码、电子邮件地址、信用卡号码、出生日期、地址、联系人和其他数据，通常只需轻轻点击一下就可以共享。

我们很有必要让孩子明白，个人信息应该被保护和共享。这只是他们应该了解隐私和个人信息的开始。

互联网带来的利与弊

早在新兴的互联网发展初期，也就是短短 25 年前，许多人就认为这个宏伟的新平台将是人类的福音，因为它将让每个人——无论种族、年龄、性别、社会地位或政治信仰——都有发言权。大多数人口中的这个"新的公共广场"将充满新的思想、不同的世界观和解决问题的备选方案（未经过滤和编辑），世界将因此变得更美好。2001年，法学学者卡斯·桑斯坦（Cass Sunstein）（后来担任奥巴马总统的信息与监管事务办公室负责人）解释说，这样的互联网将使我们受益：

> 人们应该接触兴趣之外的事物。这是计划外的、不可预见的，这样的不期而遇往往是人们未曾涉及的话题和观点，而且可能会让人觉得很恼火，在一定程度上这对防止分裂和极端主义很重要，因为人们不再只与志同道合的人交谈。

互联网的理想主义愿景从未真正实现。相反，由于前文所探讨的商业模式（互联网提取个人信息，提供定制和免费体验作为交换），人类最终得到的结果与乐观主义者想象的完全不同。今天，互联网很大程度上决定了我们想要什么和喜欢什么。

虽然这听起来可能有点夸张，但是想想吧，几乎每一次在线体验中都嵌入了复杂的"算法推荐技术"，根据我们提供的信息，追踪我们喜欢什么和做什么。这不仅包括我们愿意提供的个人信息，还包括我们的搜索、购买和浏览习惯，这也是个人信息。现在互联网在分析它吞噬的所有数据方面变得越来越高效。它知道我们喜欢什么和想要什么，有时甚至比我们自己更清楚。例如，你是否碰巧在网上搜索一双新鞋？好吧——现在，鞋子广告就可能会在你访问的网站上弹出。

过滤气泡

在2011年一次引人入胜的TED演讲中，伊莱·帕里泽（Eli Pariser）向全世界介绍了"过滤气泡"这个术语。"过滤气泡是一个人在网上私人的、独特的信息世界。过滤气泡中的内容取决于你是谁,也取决于你做了什么。"此外,帕里泽警告说:"如果我们不在意,过滤气泡可能会给你惹麻烦。"

谷歌尤其擅长制造过滤气泡。无论你何时使用搜索引擎,"谷歌有57个信号——从你用的是什么电脑,到你用的是什么浏览器,再到你的位置——来定制你的查询结果"。

谷歌会仔细分析你之前的搜索记录以及大量其他数据,确定你可能在寻找什么或喜欢什么。瞧!这就是你喜欢谷歌的原因。你可能永远都不知道谷歌为你过滤掉了什么。为了说明这一点,我让我的学生在家做一个练习:先选择任何一个单词或短语,有些争议的话题效果最好(例如,伊朗、气候变化、总统竞选)。接下来,让5个家庭成员或朋友在他们自己的设备(移动设备或台式电脑)上输入单词或短语,然后比较结果。你很可能会发现每个人的结果都是独一无二的。它们将针对搜索者进行量身定制(请注意,广告也是量身定制的产物)。

为什么这件事与今天的年轻人有关?因为年轻人应该努力弄清楚他们是谁、他们喜欢什么、他们相信什么。当他们接触到广泛的思想和信息时,可能会更成功地完成这项任务。如果谷歌、脸书、照片墙或其他网站根据之前的搜索和个人信息向他们提供定制的信息流,借用我的一个学生的话,"那就太可怕了"。

帕里泽应用了更有见地的术语:"我们需要确保它们(互联网服务)也向我们展示不舒服、有挑战性或重要的东西……我们真的需要互联网成为我们梦想的那样。我们需要它把我们联系在一起。我们需要它向我们介绍新的思想、新的人和不同的观点。如果它让我们所有人都孤立在一张大网中,那就不能满足我们的需要。"

避免过滤气泡

谷歌和脸书最让人愤怒的地方在于,它们通过挖掘用户信息来换取定制体验,而且这种现象在网络上随处可见。根据我们之前的观看情况,亚马逊多年来一直在定制产品,从书籍开始。如今,这家全球范围内的大型在线零售商根据我们最后购买或搜索的内容推荐各种产品。

诚然,大多数年轻人还没有使用脸书或在亚马逊上购物(太多次),但他们在看 YouTube 视频,他们也在使用脸书旗下的照片墙。2017 年的一项调查发现,76% 的美国青少年(年龄在 13~17 岁)使用照片墙,这个社交网络采用了许多与脸书相同的成功定制技术。2016 年,照片墙宣布:"为了改善您的体验,您的订阅源将很快奉命显示您可能最关心的时刻。您的订阅源中照片和视频的顺序将取决于您对内容感兴趣的可能性、您与发帖人的关系,以及发帖的及时性。"

除非你碰巧是我的学生,且应要求阅读这篇文章,否则你可能完全错过了这篇公告。简而言之,照片墙决定效仿脸书的做法,根据帖子分享的时间、与分享者的互动,以及用户是否觉得这篇帖子有趣等因素,对帖子进行重新排序。根据这些数据,照片墙决定年轻用户应该看什么。

从我听到的十几岁的孩子的抱怨来看,他们并不热衷于"算法推荐技术"为他们做决定,就像他们不享受妈妈决定他们应该穿什么去学校一样。但我听到的大多是孩子们在学习应该注意什么。对于这些学生中的每一个人来说,还有数百万人没有学会为何或如何收集个人信息,以及"算法推荐技术"的工作原理。如果他们不知道或不理解这个过程,他们肯定不会对此大惊小怪。

越来越多的技术专家对过滤气泡表示担忧,微软公司(Microsoft)的比尔·盖茨(Bill Gates)就是其中之一。他告诉国际财经网站 Quartz 的记者,有一个解决方案:"教育可以平衡过滤气泡……因为它使人们接触到'基础知识库'。"

就目前而言,互联网为每个人提供的被倾听的机会可能会超越过滤气泡的负面影响,但对孩子来说,他们非常有必要了解过滤气泡的工作原理,更重要的是，学会如何避免自己成为过滤气泡的牺牲品。孩子们若最终只学习了互联网提供的海量思想、信息和世界观中预设好的那一小部分内容，那么就不是对这种强大而神奇的资源的明智使用。

小孩子也可以有粉丝

安迪（Andie）是一个 14 岁的女孩，我在洛杉矶的一所 K-12 学校讲学期间认识了她。那是二月的一个天朗气清的早晨，我去学校给小学生和中学生上课。当天下午，我花了一些时间和九年级学生在一起。我本来打算和他们谈谈网络隐私的问题，但他们对不能在网上发布的内容一点都不感兴趣。他们告诉我，他们"已经听过那个讲座了"。他们真正想谈论的是他们应该在网上分享什么，并向我提出了一连串的问题：

- 我需要注册领英账号才能找到工作吗？
- 我进了足球俱乐部，我希望大学招聘者能看到我踢球。我应该拍个视频吗？视频应该多长？在哪里发布？
- 我在业余时间辅导小孩子。在网上发布他们的照片会侵犯他们的隐私吗？
- 我演了很多戏剧。您觉得我应该把它们录下来放到视频网站上吗？我应该有自己的个人主页吗？

他们的问题给我留下了深刻的印象，他们的谈话热情也给我留下了深刻的印象。我们在一起的时间还远远不够。

下课后，安迪迟迟不走，并向我做了自我介绍。安迪的身材娇小，一头乌黑的长发如瀑布般倾泻而下，她是整个课堂上唯一一个一句话也没说的学生。但我们一开始聊天，她很快就显露出活泼开朗的性格。她甚至问我能不能看看她的照片墙订阅源。当我说"能"时，她骄傲地向我展示了一个拥有 3800 名粉丝的账户。然后她给我讲了她的故事：

大约一年前，我妈妈的朋友创立了一个服装品牌。她只是做T恤、游泳衣和青少年的东西。因为她的公司是初创企业，所以雇不起模特儿，于是，她问我妈妈，我是否可以为她做模特儿。我妈妈征求我的意见，我同意了。后来，我开始把自己当模特儿的一些照片放到照片墙订阅源上，不久，一群学生发现了这事，便成了我的粉丝。

安迪告诉我，这样做对提高她的自尊很有帮助。很快，她的一些新网友变成了现实生活中的朋友，她说她"在学校里不再那么害羞了"。

"我认为，和同学们谈论在网上发布积极的东西是有好处的，"安迪说，"通常，成年人只是告诉我们，社交媒体不好。同学们听到这些话，就会继续发布坏消息，不过用的是私人账户或假账户。成年人忘了，我们不可能不使用社交媒体。"

开车回家的路上，我想着安迪说的话。如今孩子们在满足他们在线展示自己的需要（和愿望）的同时，还要保留一些隐私，这是多么微妙的平衡啊。若想取得恰到好处的平衡，需要很大的智慧哦。

网络上的个人展示

2015年，一项关于青少年与网络隐私的关系的综合研究显示，青少年更关心社会隐私，而不是第三方、大数据或信息隐私。研究人员认为，这是因为青少年"无法理解这些数据发布后会发生什么"。我认为这是由于缺乏教育。矛盾的是，根据这份报告，尽管青少年非常关心社会隐私，他们仍然在网上分享大量的个人信息。青少年通过社交媒体平台分享真实姓名（92%）、个人照片（91%）、兴趣爱好（84%）、出生日期（82%）、学校名称和居住城镇（71%）。与此同时，他们通过结合使用非技术手段（创建假身份和账户）和技术手段（使用隐私设置），不遗余力地向某些受众保密这些信息。青少年还会使用其他创造性的方法来维护网上隐私，尤其是为了躲避父母的监视，比如转移到新的网站，或者通过使用文化元素、俚语和表情符号来隐藏帖子中的含义。

青少年保护隐私是一项矛盾的研究。一方面，他们似乎不分青红皂白地分享了太多的信息，而另一方面，他们似乎在不遗余力地限制所看到的东西，使用的方法完全迷惑了成年旁观者。但与每一项数字新活动一样，一个人的观点取决于你是哪一代人的视角。

"自拍"就是一个关于视角问题的完美例子。如果你过去10年一直与世隔绝，那我告诉你，自拍就是某人用手机给自己拍照片。尽管成年人通常担心孩子们拍下并上传的大量自拍照会泄露太多信息，但无论从字面上还是比喻意义上来说，孩子们根本不这么看。对于大多数玩手机的孩子来说，自拍是他们生活中很正常的一部分。为什么不呢？自我形象分享并不是什么新鲜事儿，还曾是公认的高雅艺术。伦勃朗（Rembrandt）这样做了，克劳德·莫奈（Claude Monet）和文森特·梵高（Vincent van Gogh）也这样做了（1886–1889年间，他创作了30多幅自画像）。墨西哥女画家弗里达·卡罗（Frida Kahlo）一生创作了55幅自画像，通常记录的是自己所受的个人悲剧。当被问及为什么要画这么多自画像时，她回答说："我是我自己最了解的主题。"

数字技术只是简化了古老的自我表露行为。"过去，只有那些有钱聘请达·芬奇来画肖像或雇用肖像摄影师拍照的人才有幸拥有自己的画像，"帕梅拉·路特里奇博士说，"但是有了手机和免费上传到脸书或照片墙的功能，肖像画完全大众化了。"

我敢打赌，如果像梵高这样的人今天还活着，他一定会玩自拍，尤其在这种情况下——他转世成为一个十几岁的少年，正忙着搞清楚自己是谁，以及如何向世界呈现自己。若想记录这个过程，还有什么比自拍和分享自我形象更好的方法呢？

"通过自拍，人们可以掌控自己的形象，"路特里奇说，"我认为，自拍在让人们记录自己的成长和进步——以及探索身份——方面发挥了重要作用。想想自己吧。所以，我认为这是自拍的积极作用。"

然而，大多数父母担心，网上发布的自我形象可能会泄露太多的个人信息，可能会损害孩子的数字声誉或使他们受到伤害，这是理所当然的，而孩子们根本不担心这一点。这就是我的观点。

通过青春的玫瑰色镜头看世界，数字活动似乎充满了机遇和希望。父母们却很少这么乐观。这适用于我们到目前为止讨论的四大主题——数字声誉、屏幕时间、人际关系和隐私。它们一起构成的是数字世界的坚实基础，为网络时代的孩子保驾护航。这四大主题都很复杂，有时还很混乱。我们需要围绕每个主题教育孩子并与其交流。

孩子们也需要我们偶尔通过他们的镜头来看数字世界！

"网络公民"课堂活动

不要和陌生人说话

世界各地大人都在教育孩子说，现实世界中的陌生人危险，但虚拟世界中的陌生人也危险吗？孩子们在网上接触到的陌生人比在现实生活中接触到的要多得多。尽管我遇到的学生只代表了整个世界的一小部分人，但我不知道他们曾多少次在网上被陌生人问及个人信息。更令人不安的是，我也不知道他们是否认识那些愿意向陌生人提供个人信息的孩子。

当你递给孩子一个联网设备时，很有必要跟他讲讲分享个人信息的硬性规定。把这些规定贴在你家的冰箱、笔记本电脑、台式电脑或孩子的额头上吧。记得要不惜代价！

1. 告诉你的孩子，未经你的明确同意，他们绝对绝对不要在网上和陌生人分享以下信息（自己或别人的信息）：

- 真实姓名。

- 家庭地址。
- 电子邮箱。
- 电话号码。
- 学校名称。
- 当前位置。
- 未来位置线索。
- 密码。
- 照片。

当你的孩子长大后，他们会运用自己的最佳判断力，决定是否及何时才能安全地分享上述任何一种信息。在那之前，确保他们理解并同意你的规定。

2. 告诉你的孩子，绝对绝对不要在网上和陌生人接触。解释一下，在网上，每天都是"月光光心慌慌"的万圣节。人们用面具（也就是他们的屏幕）来隐藏自己的身份。虽然大多数人都很好，但也有一些人挺坏。当你的孩子长大后，他们会运用自己的最佳判断力，决定是否及何时才能与网上的陌生人接触。在那之前，确保他们遵守你的规定。

3. 告诉你的孩子，绝对绝对不要在现实生活中与他们先前在网上遇到的人见面。你的孩子可能需要更长的时间来培养良好的判断力，以便决定什么时候可以不遵守这条规定，所以，你要和他们在线上和线下的朋友保持开放的交流。

安全密码

密码是我们保护网上个人信息的第一道防线。尽管有很多在线程序可以为孩子们设置和记住密码，但很有必要教他们如何设置和记住自己的密码。我们要对他们强调，拥有安全可靠的密码是多么重要，同时也能带来很多乐趣。

1. 下面是教孩子设置完美密码的七大原则。完美密码应该是这样的：

- 长度至少为 8 个字符。

- 包括大小写字母、符号和数字的组合。
- 千万不要包括个人信息（比如，出生日期或社会保险号）。
- 不要写家人、朋友或宠物的名字。
- 不要包含序列，比如 abcde 或 12345。
- 不要包括字典单词（除非一个字母被变成了一个标志）。
- 定期更换密码——至少每六个月换一次。

2. 向你的孩子解释"助记符"（mnemonic）这个词。简单地说，根据助记符设置密码是一种有助于保留信息的方法。

3. 让你的孩子想想他们最喜欢的名人、运动员、音乐家或历史人物（让他们不要告诉你那个人是谁）。这将是他们的助记符。

4. 教你的孩子如何使用助记符来创建一个完美密码。下面是一个示例：告诉他们，你的助记符是歌星泰勒·斯威夫特（Taylor Swift）（我也喜欢她），你最喜欢她的《我们再也回不到从前了》（*We Are Never Ever Getting Back Together*）。那么你就可以使用这首歌标题中每个单词的首字母来设置你的密码（WANEGBT）。接下来，将其转换为大小写字母的组合（WaNeGbT）。因为你需要添加一个数字或符号，改变最后一个单词"together"中的"to"发音类似于"two"（数字 2），所以，你可以把"together"给成"2gether"，这时，密码可以改为 WaNeGb2。最后，由于你需要再添加一个字符来保证密码的正确长度，而且斯威夫特似乎强调"再也回不到从前了"，所以在结尾添加一个感叹号。最后的密码是：WaNeGb2!

5. 让你的孩子以你为榜样，创建他们自己的完美密码。当他们完成的时候，试着根据他们设置的密码猜出他们的助记符是谁。你自己再设一个密码，让他们试着猜猜你的密码助记符，或者他们的兄弟姐妹或朋友的密码助记符。我已经在课堂上做过很多次了，我总是对孩子们在这个游戏中的美好表现感到惊讶。如此一来，他们永远永远不会忘记如何设置和记住完美密码！

先演示，后下载

这项活动的功劳属于我的一个学生，她告诉我，如果她想下载一款应用程序，她爸爸会让她先彻底地研究这款应用，然后做一个演示文稿，向她爸爸推荐该应用。我心想："太棒啦！"我非常喜欢这个主意，下面提炼一下大纲，让你们在家里轻松练习。

1. 如果你的孩子（至少13岁）想下载快拍应用。首先邀请他们研究这款应用程序，这很容易做到，快拍网的隐私政策和服务条款可以通过谷歌搜索获得。

2. 让你的孩子为你创建一个关于这款应用程序的演示文稿。

- 这款应用的最小用户年龄是几岁？
- 这款应用需要什么个人信息？
- 你提供的个人信息作为交换，你将得到什么？
- 你会在这款应用上分享用户内容吗？如果会，谁将拥有这些内容？
- 这款应用会与第三方共享你的信息吗？如果会，如何共享？
- 它会追踪你的位置吗？
- 它对用户的期望是什么？有办法举报不良行为吗？
- 这款应用上会有广告吗？它还能通过什么方式赚钱呢？
- 这款应用提供什么样的隐私设置？

如果这对你十几岁的孩子来说似乎工作量太大了，请考虑一下他们在未来几年将投入到该应用程序的海量时间。拍摄、整理和发布照片需要时间和精力。标记、评论、点赞和阅读别人的帖子也需要时间。如果你的孩子没有时间研究这款应用，那么，他们也肯定没有时间使用它！

"自拍"轶事

如果一张图片胜过千言万语，那么，自拍又有什么价值呢？这是当今最重要的问题，年轻人不分青红皂白地通过自拍和分享而暴露了自己的大量信息。

请和你的孩子一起探索这个现象，并针对"什么个人信息可以（或不可以）在网上分享"的问题达成共识。

1. 让你的孩子告诉你，什么是自拍。他们可能说，自拍就是"自己给自己拍照片"，但请你问问他们："你认为自拍的目的是什么？""你多久自拍并上传一次？""你认为自拍这么受欢迎的原因是什么？"告诉你的孩子，2012年，"自拍"被《时代周刊》（*Time*）列为年度十大流行语之一；2013年，它又被收入《牛津英语词典》（*Oxford English Dictionary*）。

2. 问问你的孩子，他们是否曾经以貌取人地看待一个陌生人。让他们举例说明。

3. 告诉你的孩子，虽然自拍很有趣，但重要的是，要想想这些照片给别人传达了什么信息。讨论一下这些照片可能会透露哪些个人信息。（他们的自拍能告诉别人：他们在哪里吗？他们住在哪里？或者，没有其他人在家吗？）他们如何分享自拍、与谁分享自拍，这是重要的讨论话题。

4. 解释一下，早在自拍出现之前，梵高和伦勃朗等著名艺术家就通过自画像来分享他们的自我意象。

5. 接下来是有趣的部分。在谷歌上搜索一些艺术家，查看他们的自画像。问问你的孩子，他们认为这些艺术家想要表达什么。让他们观察你搜到的图片，问问他们能够看到艺术家的哪些方面。

6. 考虑一下让孩子去参观当地的艺术博物馆或画廊。这可能会激发你的孩子以全新的视角去看你们以前去过的博物馆或画廊！

— 第三部分 —

有效使用网络的
两大素养

第七章 批判性思维

只要人类存在，假信息和假新闻就会存在；自从语言被发明以来，假信息和假新闻就一直存在。对"算法推荐技术"和自动检测的依赖会导致各种不想要的后果出现。除非我们让人们具备媒体素养和批判性思维技能，否则错误信息的传播将会盛行。

——苏·索尼亚·赫林（Su Sonia Herring）

几年前，艾琳·赖利参观了我在旅程学校的一个班级。她刚得到一个新项目，需要从真实的学生那里收集数据。虽然她巧妙地将自己的目标伪装成一项迷人的数字素养活动，但我的学生却看穿了她的意图。他们没有心平气和地默认她的计划，而是提问题怼她：谁设计了你的课程？谁会看到我们的答案？你来这里是有报酬的吗？谁支付你的薪水？我们为什么要免费帮你？

虽然我对我的学生如此有力地拷问可怜的赖利而感到些许尴尬，但我也为他们展示了自己出色的媒体素养实力而感到自豪。具备媒体素养的人会对他们接收的信息提出问题。坦率地说，我认为赖利也喜欢这种拷问。她多年来一直是研究媒体素养的重要人物，目前是全国媒体素养教育协会（National Association of Media Literacy Education，NAMLE）的主席。她深知培养学生批判性媒体素养技能的重要性。

"那天，我离开的时候在想：'真有他们的！'"赖利说，"我们不希望孩子们只是唯唯诺诺地说'是'，然后同意我们所说的一切。我们希望他们成为信息的关键消费者。我们希望他们具备媒体素养。"

什么是媒体素养

"我们将媒体素养定义为使用各种传播形式获取、分析、创造、评估和行动的能力,这意味着,它是今天对素养的扩展定义,"NAMLE 执行董事米歇尔·西乌拉·利普金(Michelle Ciulla Lipkin)说道。在她的领导下,这个组织已经成为美国媒体素养的主要召集人、思想领袖和资源库。西乌拉·利普金有一股热情的力量,五分钟之内就会让你相信,媒体素养可能是你的孩子在学校应该学习的最重要的课程。虽然我赞同西乌拉·利普金对媒体素养的热情——整个"网络公民"课程的终极目标就是"媒体素养"——但我认为,这么冗长而学术性的定义并没有抓住教育的紧迫性——孩子们如何理解媒体通过他们的手机、电视、电脑、智能手表、游戏机等设备对他们进行攻击?如果媒体素养得不到充分的认识和理解,也就得不到应有的重视。数学、英语、历史和科学将是学生(尤其是中学生)花费大部分时间学习的科目。讽刺的是,他们在学校学到的东西很可能会在网上使用,要想成为重要的在线社区成员,他们必须具备媒体素养。

有一天,我在一个八年级班级教授"媒体素养"课时想到了这一点。当时,我无意中听到两个女生的谈话,她们正在学习如何区分真网站和假网站,这不是一件容易的事。

"我不明白为什么我们每周只有一次'网络公民'课,但每天都有代数课,"一个女生对另一个女生说,"网络,我们用得太多太多了。"

虽然我不想低估用平方根和立方根符号解方程的重要性,但我同意这个女生的观点:她将来可能会遇到更多的网站,而不是代数方程。但大多数学校和家长并不这么认为。至少直到 2016 年,假新闻才将媒体素养带入了真新闻。

假新闻

2016 年,牛津词典宣布"后真相"(post-truth)为年度词汇,将它定义为"客观事实在形成舆论方面影响较小，而诉诸情感和个人信仰会产生更大影响"。尽管这个词最早出现在1992年，但在2016年，多亏了两个事件（英国脱欧和美国总统大选），它的使用率飙升了2000%。动荡的政治环境，再加上很多人从社交媒体（他们自己的过滤气泡）中获取新闻，为骗局、谎言和阴谋论（也就是"假新闻"）创造了一个成熟的环境。毫无疑问，人们对这个术语很熟悉。

我问西乌拉·利普金，假新闻是否最终为媒体素养提供了契机。

"是的，假新闻确实聚焦于对话，"她告诉我，"突然之间，有关'我们如何理解信息'和'我们如何破译信息'的问题就成了如此公开的文化话题。从这个意义上说，媒体素养对于辨别假新闻来说是非常非常重要的。"

但随之而来的是负面影响，她警告说："危险在于它的界限不清。我们不能只关注什么是真的、什么是假的，因为大多数信息都在两者之间徘徊。现在存在的大多数信息都只是一种观点而已。所以，我们需要了解如何权衡各种观点、议程和所有这些事情。"

顺便说一下，这就是媒体素养教会孩子们去做的事情。所以，你会认为，教这门课是解决"假新闻传播"（当今最大的问题之一）的明显方法。但不是这样的。

"我最大的挫折是，大多数被提出的方案都不是教育性质的解决方案。这些方案更多的是关于这样的问题：'我们如何让社交媒体网站确定什么是假新闻，并确保假新闻不会肆意传播？'或'我们如何创建一款应用程序来识别好网站和坏网站？'资金应该流向我们的教育系统。"

素养教育的时机

与其坐等资金流入媒体素养教育，不如采取更好的方式让孩子为充满媒体的世界做好准备。利用媒体提供的丰富的教学时间，自己动手才最重要。虽然假新闻可能对媒体有害，但它对教授"媒体素养"却大有裨益。你不需要搜索很长时间就能找到一个引人入胜的假新闻故事来告诫你的孩子，下面是我和我的学生分享的故事：

曾几何时，在前南斯拉夫的马其顿共和国，有一个韦莱斯（Veles）小镇，这里区区四万五千镇民中就有一群精通网络的青少年。在2016年美国总统大选前的几个月里，这些年轻人发现了一个轻松快速赚钱的巧妙方法——向美国人传播假新闻。美国选举的结果对他们来说一点儿也不重要，他们的兴趣纯粹是经济上的。在一个年平均工资相当于4800美元的小镇里，只要转发美国新闻故事就能赚上几千美元的好差事，简直好得令人难以置信。因此，韦莱斯镇的年轻人充分利用了现有的、完全合法的社交媒体和创收的广告系统，而大多数美国人却没那么明智。

首先，积极进取的马其顿年轻人会创建一个看起来尽可能像美国合法新闻网站的网站。然后，他们会给自己的网站取一个貌似美国网站名字的名字。最常用的网站名字有：WorldPoliticus.com、TrumpVision365.com、USConservativeToday.com和USADailyPolitics.com。接下来，他们会继续寻找新闻故事。通常，他们会专门搜索特朗普（Trump）的内容，因为通过反复试验发现，特朗普逸事比左倾故事更吸引人。这些故事是真是假并不重要，大多数情况下，都是假新闻。他们检测新闻的唯一标准是它们必须耸人听闻。年轻人会复制这些故事，给它们取一个醒目的标题，比如"教皇弗朗西斯禁止天主教徒给希拉里投票"（Pope Francis Forbids Catholics from Voting for Hilary），然后把它们发布到自己的网站上。

因为2/3的美国成年人是从社交媒体上获取新闻的，尤其是脸书，所以，马其顿的年轻人决定在那里分享故事。他们付钱给社交媒体网络，让其把假新闻瞄准并分享给理想的受众群体，使用脸书的廉价受众定位工具很容易做到这一点，或者，他们也可以直接把故事发布到右倾的脸书群组页面上。当脸书用户看到一个醒目的标题时，他们会认为这是一条合法新闻，然后点进这个故事，为其点赞，并分享给其他愿意分享的用户。这样一来，流量便会流回故事所在的网站，这就是马其顿年轻人赚钱的方式。他们的收入来自他们在网站上投放的谷歌联盟广告。许多网站利用这种在线广告服务赚钱。点击广告的人越多，马其顿的年轻人赚的钱就越多。

美国新闻机构一度确认有140多个类似网站在韦莱斯之外运营。一个精通此计划的17岁的马其顿人告诉纽约时报公司的新闻聚合网站"嗡嗡喂"（BuzzFeed）的记者："我启动该网站的目的是为了轻松赚钱。马其顿的经济非常薄弱，青少年不允许工作，所以，我们需要找到创造性的方法来赚钱。我是个音乐人，但我买不起音乐器材。在我们马其顿，一个小网站的收入足以支付很多东西。"

我记得在自己的脸书订阅源上看到一些马其顿青年制造的假新闻标题，其中包括这些"珍品"：

《爆炸新闻：奥巴马出生在肯尼亚的证据浮出水面——特朗普一直都是对的！》
《拉什在米歇尔攻击特朗普后曝光其变态过往》
《最新消息：奥巴马非法将司法部的资金转移给了克林顿竞选团队！》

"嗡嗡喂"新闻分析发现，在2016年大选之前的几个月中，脸书上排名前20的新闻中虚假新闻报道的表现优于合法新闻报道的——也就是说，他们收到了更多的分享、反应和评论。马其顿青年散布的假故事不仅声称教皇支持特朗普，还说，美国政治家迈克·彭斯（Mike Pence）指出，米歇尔·奥巴马（Michelle Obama）是"我们有史以来最粗俗的第一夫人"。你仍然可以在貌似真实的假新闻网站上找到这个被揭穿的故事。这样的帖子在脸书上产生了数百万的分享、反应和评论，给这些虚假网站带来了巨大的流量，为网站所有者带来了可观的广告收入。这次交易的输家是毫无戒心的脸书用户，他们对假新闻一见倾心。

当我给全班同学讲完这个故事后，他们都安静地坐着，这可是个健谈的团体啊，太不寻常了。最后，一个女孩终于打破了沉默："哇，那会比我们的糕饼义卖更能筹集资金。"

我希望她是在开玩笑。

必要的批判性思维技能

解决网民沉迷和分享虚假信息问题的唯一必胜方法是教育下一代用户成为批判性思考者。这是一个我们必须快速完成的任务，因为孩子们不像成年人一样擅长批判性地评估网上的信息。

2016年，斯坦福大学教育研究生院（Stanford Graduate School of Education）的研究人员发现，年轻人有效评估他们在网上找到信息的能力——用一个短语来形容——弱爆了。他们的研究集中在12个州的初中、高中和大学生的"公民在线推理"，这项研究显示，"我们的'数字原住民'或许可以在脸书和推特之间穿梭，同时上传自拍照到照片墙，并给朋友发短信。但是，当他们评估通过社交媒体渠道流动的信息时，很容易上当。"

以下是研究人员得出的总结：

- 超过80%的中学生无法区分付费新闻和真实新闻。
- 当人们看到一张雏菊的照片，并声称这些雏菊因福岛（Fukushima）核事故而有先天缺陷时，大多数高中生都没能质疑这张可疑的照片，也没能找到它的来源。
- 高中生并没有意识到两种帖子的区别：一个来自真正的福克斯新闻，另一个来自貌似福克斯新闻的账号。
- 当看到自由派团体MoveOn发布的一条推文时，大学生无法检测到真假。
- 大多数斯坦福大学的学生分不清主流新闻来源（美国儿科学会）和边缘新闻来源（类似于"美国儿科协会"英文缩写的应用程序ACPeds分

离出来的一个群组）之间的区别。

从中学到大学，参与这项研究的学生们在评估网上信息的可信度方面表现出了"惊人的无能"。

你们开始意识到媒体素养教育的必要性了吗？

媒体素养是一块"蛋糕"

很久以前，在旅程学校教授第一年的"网络公民"课程之后，我和校长沙赫尔·法塔斯对我们的成果感到相当满意。不良的在线行为、网络霸凌甚至网络玩笑几乎已经消失。此外，我们还在奥兰治县技术联盟（the Orange County Tech Alliance）和明日项目组织（Project Tomorrow）举办的颁奖典礼上获得了荣誉，这两个组织都认可"教育创新"。我们很想祝贺一下，然后就收工了。

然而，快到学年结束的时候，一个名叫贾马尔（Jamal）的男孩参加了我们的庆祝游行。作为学校里最喜欢社交的孩子之一，贾马尔说："今年学了这么多东西之后，我决定离开这个圈子。不再要电话，不再要网络，什么都不要。真的不值。"

"呀！"我心想，"这不是我所希望的结果！"我热爱数字技术及其带来的所有积极的机会，我曾希望我的学生能有同样的感受。

就在那时，我们意识到，我们需要这个项目延续到第二年、第三年。既然他们已经知道如何安全而明智地使用技术，现在是时候解决真正重要的问题了：信息素养（如何发现、检索、分析和使用在线信息）和媒体素养（你们刚刚在本书中读到）。我们不能让学生徘徊在最低水平线上。这就好比让他们看一张一级方程式赛车的照片，并给他们钥匙，建议他们进行一次越野旅行。有了"数字公民资格"，他们显然已经准备好（也需要）学习如何充分利用技术。这是数字素养"蛋糕"上的真正糖衣，也是这个坚固结构的"顶篷"。

我们要学习如何安全而明智地使用技术，还要学习许多重要的课程，而这正是大多数学校和家长望而却步的地方，我们几乎无法在两年内完成这些课程。孩子们需要知道，执行谷歌搜索并不意味着使用你看到的第一个搜索结果。他们必须学习如何有效地搜索查询，使用有意义的关键词，分析结果页面，并将广告与真实内容区分开来。他们需要了解维基百科的工作原理和使用方法，版权是什么，如何避免剽窃，使用知识共享（Creative Commons）授权方式，远离过滤气泡，引用在线资源，等等。

但也许他们需要学习的最重要的事就是如何检测废话。

在网上检测废话

如果你对中学生很熟悉，你就会知道他们喜欢一些低俗污秽的东西（想想那些无聊的笑话）。这就是我为什么要告诉孩子们什么是废话。每每废话亮相，都会吸引他们的注意力。

我从网络文化专家霍华德·莱茵戈德（Howard Rheingold）的著作《网络智慧：如何在网络上茁壮成长》（*Net Smart : How to Thrive Online*）中了解了"废话检测"（crap detection）。莱因戈德是一位才华横溢、有点古怪的作家、记者、编辑和未来学家，他写了许多关于数字文化的好书。在阅读莱因戈德于2002年出版的《聪明的暴民：下一场社会革命》（*Smart Mobs : The Next Social Revolution*）时，我变成了他的铁杆粉丝。我几乎一口气读完了那本书，还一直在想，我是不是错拿了一本科幻小说。莱因戈德以惊人的细节描述了我们现在赖以生活的社会和数字技术的未来，提及了从可穿戴技术到移动电话的所有事物都可能成为人们生活中的"遥控器"。那是很久以前的事情了，当时智能手表和苹果手机还没亮相呢。

《网络智慧如何在网络上茁壮成长》就像一部数字时代指南手册，莱茵戈德在此书中指出，如今所需的一项关键"数字技术诀窍"就是"废话检测"。

他将"废话"定义为"那些被愚昧所感染的信息、无效的沟通或蓄意的欺骗"。根据莱茵戈德的说法，学习成为网络信息的关键消费者，并不是什么高深莫测的事。它甚至没有代数那么复杂，掌握网络可信度测试的基本原理要比学习乘法表容易得多。一如既往，最难的部分是锻炼松弛的"独立思考肌"。

我试着使用废话检测工具的首字母大写（CRAP）来帮助我的学生锻炼这些肌肉。CRAP检测工具包括一组（4个）问题，可以评估网上信息的准确性，通常给人留下难忘的印象。当你在网上遇到可疑事件时，可以使用CRAP工具提问自己。你可以在网上找到各种各样的版本，以下是我的版本：

1. 及时（Currency，简称C）

- 信息是不是最新的？
- 它是什么时候发布的？更新了吗？

2. 可靠（Reliability，简称R）

- 这些信息有多可靠？
- 作者是否提供参考资料或来源？
- 你有什么证据可以证明这个消息是可靠的？

3. 作者（Author，简称A）

- 谁是信息的创造者或作者？她有什么资格证书？
- 谁是信息的发布者或赞助者？这是一个声誉良好的信息来源吗？

4. 目的/观点（Purpose/Point of view，简称P）

- 这些信息的目的是什么？是告知、娱乐，还是说服？
- 这些信息听起来像事实还是观点？有偏差吗？
- 创作者或作者是不是在努力向你推销什么？

就我个人而言，我非常依赖CRAP检测工具。像大多数人一样，我很容易被色情新闻所吸引。但如果这些新闻貌似很可疑，我就会使用CRAP检测工具。下面举例说明：

有一天，我在浏览脸书订阅源时，一个朋友的帖子引起了我的注意。她分享的标题是：《令人震惊的消息：奥巴马政府积极破坏枪支背景调查系统》（*Shock Revelation : Obama Admin Actively Sabotaged Gun Background Check System*）。出于好奇，我点开了这篇文章，发现它发表在一个名为"保守论坛"（Conservative Tribune）的网站上。虽然该网站和文章看起来足够及时，但似乎不完全可靠。该网站充斥着诸如"卑鄙""令人震惊"和"耻辱"之类的戏耍标题。我查了一下作者，他幽默的个人简介和推特上的几个粉丝（我查看的时候只有3个粉丝）让我怀疑他不是真记者。所以，我查了关于"保守论坛"媒体偏见或事实核查的报道。这是一个媒体偏见资源网站（许多在线网站之一），声称是"致力于教育公众媒体偏差和欺骗性新闻实践"的独立渠道。我了解到，"保守论坛"是一个"可疑的来源"，它"展示以下一种或多种情况：极端的偏见、公开的宣传、缺乏或没有可靠的信息来源，或者是假新闻"。我还发现，这个网站经常不核实事实，美化针对美国人和穆斯林的暴力，等等。最后，我们浏览保守论坛网站时发现了一个独特的目的和观点。

在我看来，这个朋友分享的假新闻就是"胡话连篇"。

回到脸书，我找到了这篇文章发布的地方，选择了右上角的"举报"按钮。那里出现了一个方框，上面写着"举报原因是什么"，我在下面选择了"这是一则假新闻"。脸书给了我一些选择。我可以对发布这则故事的人进行屏蔽、取消关注或解除好友关系。我没有选择这些选项，因为我不想最后变成过滤气泡的牺牲品。相反，我选择标记"此帖为假新闻"，就这样。

整个过程所花的时间并不比您阅读我完成的步骤所花的时间长多少。我的感觉也很好！这是我能帮助遏制网上一小部分假新闻所付出的努力。我也鼓励我的学生在网上看到虚假信息时采取行动。对于他们来说，重要的是要运用自己的批判性思维"肌肉"，让自己感觉就像是被授权的数字公民。

参与式文化

随着时间的推移,越来越多的人开始接受华德福学校多年来的信仰——当小孩子遇到数字技术的时候,情况一定很糟糕。起初,只有少许数字技术业内人士这么说,但很快就有更多的声音加入进来,从苹果公司的蒂姆·库克(他说他不希望自己的侄子出现在社交媒体上),到微软公司的梅琳达·盖茨(Melinda Gates)("我可能还要等很久才会让孩子玩电脑")。将媒体视为童年的敌人,已然成为一种时尚。

《坏事变好事》(*Everything Bad Is Good For You*)的作者斯蒂芬·约翰逊(Stephen Johnson)向我介绍了"睡眠者曲线理论"(Sleeper Curve),这是他从伍迪·艾伦(Woody Allen)的电影《睡眠者》(*Sleeper*)中引申出来的一个术语。在这部模拟科幻电影中,来自2173年的一组科学家惊讶地发现,20世纪的社会未能领会奶油派和热巧克力的营养价值。"天哪!"我心想,难道我也忽略了媒体的营养价值?

第二章介绍的媒体专家亨利·詹金斯很早就想出了这个问题的答案。他不但定义了"新媒体素养",还创造了"参与式文化"这个术语。他说,在这样的文化环境中,人们不仅消费媒体,还创造和传播媒体。目前,我们生活在参与式文化中,它提供了制作和分享内容的绝佳机会。在人类历史上,从来没有一个普通人拥有这样的力量。参与式文化改变了素养的定义,若错过该文化的好处,那就太遗憾了。

"如果你看一下媒体素养的定义,"艾琳·赖利解释道,"它不仅包含批判性地询问媒体的能力……还关乎我们如何在自己接触的媒体中创造、参与和行动。媒体素养是关于人际关系的课程。今天媒体的走向是从个人表达和消费转向社会交往与社区参与。"

为了更好地理解赖利在说什么,我们来看看"粉丝团"现象。粉丝团是热情粉丝的亚文化群,他们热衷于喜爱的书籍、电视节目、电影、乐队或任何其他形式的流行文化（比如"哈利·波特粉丝团"，即《哈利·波特》系列丛书的粉丝）。在参与式文化中，粉丝们不必等待下一次读书俱乐部聚会即可分享自己的激情。他们可以通过无数种在线方式与其他成千上万（有时甚至数百万）的粉丝表达和分享热情。

今天，许多孩子热情地拥抱参与式文化提供的机会。例如，参考一下《守护兽群》(The Guardian Herd)。这是一部青春奇幻系列小说，主角是一匹神奇的飞马佩格西(Pegasi)，作者是詹妮弗·林恩·阿尔瓦雷斯(Jennifer Lynn Alvarez)。这些图书催生了无数充满活力的在线社区，其中个人表达和社会交往的例子远远超过了里氏震级。

阿尔瓦雷斯告诉我："《星火》(Starfire)出版后不久，个人表达和社会交往就开始了。（《星火》是该系列的第一本书。）孩子们立即想要对这个故事做出创造性的反应，所以，我很快就收到了粉丝们的艺术作品。孩子们会把书中角色绘成画，通过电子邮件发给我。"阿尔瓦雷斯自己的孩子们年龄从13~20岁不等。她说，她的小粉丝平均年龄可能在11岁左右。这些小读者把他们自己创作的人物图画寄给她。"根据我的故事结构，我创造的兽群类型，以及我为小飞马佩格西的取名方式，他们创造了自己的角色，决定了所属的兽群，然后取了个叫'佩格西式'的名字。"

阿尔瓦雷斯的粉丝们在创造他们自己的"佩格西"方面付出了惊人的努力。阿尔瓦雷斯告诉我："一个孩子用乐高积木拼搭出了我书中所有的角色，我见过孩子们做的黏土模型，还有一个孩子用马赛克瓷砖拼出了我书中的主角。"除了这些手工制作的作品，她的粉丝们还利用"玩偶制作"（Doll Maker）等网站进行数字艺术创作。"这是一个虚拟的玩具制作网站，你可以制作仙子，"阿尔瓦雷斯说，"你可以制作独角兽，你可以制作佩格西，你可以制作不同的角色。"

阿尔瓦雷斯的许多粉丝在一个名为"非正常艺术"（DeviantArt，DA）的网站上分享他们的作品。DA 是世界上最大的艺术家和艺术爱好者在线社交网络之一。她的粉丝在 DA 上发布了数千张图片，其中许多图片生动描述了他们所创建的角色。"最重要的是，他们的付出能得到及时的反馈，"阿尔瓦雷斯告诉我，"我认为，当孩子们得到反馈时，他们实际上可以更加迅速地变得更优秀，不但在自己的房间里独自做事，还会向别人展示成果。"

阿尔瓦雷斯的书不仅催生了艺术，激发了大量"同人小说"（fanfiction）（小说的粉丝根据原著创作自己的故事，并与其他粉丝分享）的创作。阿尔瓦雷斯的许多粉丝在电子书社区 Wattpad 上分享他们的作品，Wattpad 是一款免费的应用程序，它可以让崭露头角的作家们以博客的形式公开分享自己的小说，并阅读和评论别人的作品。根据《卫报》的报道，Wattpad 已被少女们"发现"，她们已将其转变为"轰动全球"的青年文学社区。"我喜欢同人小说的原因是，孩子们可以探索他们脑海中想到的不同的结局，写一些配角，编一些背景故事，"阿尔瓦雷斯说，"对年轻作家来说，跳出一个现有的世界要比自己从零开始创作容易得多。通过这个过程，他们学会了艺术构思，还摸清了作者的提问技巧：'如果……会怎样？'"

你还可以在维基托管网站"粉丝联盟"（Fandom）上找到一个活跃的"守护兽群"粉丝社区，用户可以在这里分享自己的喜爱之情，以及关于书籍、电视节目和电影的百科知识。据阿尔瓦雷斯称，粉丝们还会在照片墙、YouTube 视频、视频媒体（Vimeo）、快拍网和其他网站上分享他们以书为灵感的作品，还有一个活跃的粉丝社区在她的网站留言板上发帖。她说："甚至不到一年的时间，我已经获得了将近四五万的浏览量。"

请务必注意，此处提到的某些社交网络要求孩子至少 13 岁才能使用它们。阿尔瓦雷斯总是鼓励她的粉丝们在上网前得到父母的许可。尽管有些小粉丝年纪尚小，无法加入社交网络，他们还是会把自己的作品通过电子邮件发给她。

她与读者互动，读者之间也彼此互动，"孩子们和数字媒体一起绽放，"

阿尔瓦雷斯说，"孩子们正在成为作家、插画家，他们与其他粉丝一起分享自己的作品。许多人甚至有自己的粉丝群。还有人阅读他们的故事，并恳求他们继续写下去。"

来自俄勒冈州（Oregon）的13岁女孩莉莉是阿尔瓦雷斯的粉丝之一。阿尔瓦雷斯给我发了YouTube上莉莉发布的一个视频的链接，这是一部制作精良的作品，名叫"如何创造小飞马佩格西"。（我嫁给了一个获得过8项艾美奖最佳摄影的男人，所以我不会轻易恭维媒体。）我还去Wattpad上读了莉莉写的一些同人小说，发现她写得很好，所以，阿尔瓦雷斯接下来告诉我的事并不奇怪。"她受到启发，立志要当作家……她在网上遇到了另一个粉丝。这两个女孩年龄差不多，她们刚刚一起写了一本书，这是她们的首度合作。"

"我真希望自己小时候也干过这事，"阿尔瓦雷斯说，"我觉得它为我们的社会打开了一扇门。让孩子创造艺术，找到他们自己的部落和粉丝圈。此外，这样也鼓励了创造力。"

阿尔瓦雷斯的书激发的激情和创造力让我想起了赖利告诉我的一个关于她儿子的朋友的故事，那个小朋友也同样热衷于网飞公司系列剧《怪奇物语》（*Stranger Things*）。赖利说："这个男孩甚至在万圣节装扮成卢卡斯（Lucas）这个角色。"当他发现没有人为这个系列剧在照片墙上创建粉丝团时，他就自己建了一个粉丝群。"这个男孩正在分享自己的激情，收集自己喜爱的所有信息。那里有很多学习技巧，这一切都是由激情驱动。"

听着阿尔瓦雷斯和赖利描述网络如何为年轻人提供无限的机会来表达他们的创造力和激情，我不禁诧异，在这些创意和激情爆棚的网站上，假新闻为什么会占据主导地位。我们每天都能读到关于青少年因智能手机而抑郁或堕落的报道。就好像我们被困在自己的《怪奇物语》里，那里有两个平行的宇宙：一个是一切看起来都很壮观，另一个是一切看起来都像地狱。真是名副其实的怪奇物语！

生产与消费

阅读本书之后,我希望大家明白一个道理:数字技术只是一种工具。锤子可以用来制造漂亮的结构,也可以用来摧毁一个结构。工具使用者的手中握有创造或毁灭的力量。

下次看到你的孩子摆弄设备时,就不要龇牙咧嘴了。你要记住,他们可以用设备来制作精彩的视频,写情节复杂的同人小说,画神奇的飞马。鼓励并帮助你的孩子,向他们分享詹金斯的"参与式文化"的好处:"参与式文化是一种对艺术表达和公民参与的障碍较低的文化,强烈支持创作和分享自己的创作,并提供某种非正式的指导,让经验丰富的人把知识传授给新手。参与式文化也是这样一种文化:成员们相信自己的贡献很重要,彼此之间也有一定程度的社会联系(至少他们关心别人对自己作品的看法)"。

尽管许多孩子凭直觉就能从参与式文化中获益,但还有更多的孩子需要旁人劝说。所以,向他们展示如何在线参与。用别人的故事激励他们,这里的"别人"是指为充满活力的思想、资源和知识网络做出贡献的人。这是我们在网络公民教育的最后一年所做的事。借用詹金斯的话来说,维基百科是我们研究的最好的在线资源之一,孩子们可以在维基百科上看到自己贡献的重要性。

转变视角

如今,在旅程学校,我的班级很大,每个年级有 60 个学生,所以,我需要花更多的时间来了解每个学生。有时,我会把孩子们的好意弄错,就像我对马克(Mark)那样。马克是一个身材瘦长的男孩,留着一头乱蓬蓬的金发,没完没了地谈论着 YouTube 视频,所以,我猜想,他是在疯狂地看一些可笑或更糟糕的东西,比如,在许多 10~12 岁的孩子中风靡一时的"烦人的杰弗瑞"视频。当我问他在看什么时,他告诉我,他发现了一些关于如何用备用零件制造电脑的视频。他还照做了。

像这样的事件在旅程学校发生得更频繁,所以,这所学校对媒体的看法已经慢慢转变了。对于 K-5 年级，学校仍然要求学生在周日晚上到周五放学后不接触电子媒体，以便学生们利用这段宝贵的时间来磨炼他们上网时需要的社交和行为技能。然而，对于中学生来说，学校鼓励媒体"生产"而不是"消费"。以下是对如今媒体政策的解读：

由于认识到 12~14 岁儿童的成熟能力和需求，我们鼓励并支持父母与 6~8 年级的孩子就适当使用媒体和技术问题进行对话……我们建议你们的孩子应该参与媒体，而不是简单地消费媒体。我们建议限制周日晚上到周四晚上的单向使用媒体（看电影），不建议学生简单地消费媒体，但鼓励参与式媒体（制作一部电影）贯穿一周的时间。制作一个简短的视频，记录你的朋友多次冲浪的尝试（以及最终的成功），这与简单地看一部电影有很大的不同。

本书第一章中介绍的旅程学校教育主管雪莉·格雷泽-凯莉说，这所学校已经发生了戏剧性的转变。"我们的孩子已经从疯狂观看 YouTube 视频变成了制作产生编码、博客、电影和艺术，"她说，"在过去的 5 年中，这种文化已经从最消耗媒体的文化变成了更有生产力的文化。"

我也鼓励你们在自己的家庭和社区做出这样的转变——鼓励媒体参与而不是消费。当你们这样做的时候，请退后一步，准备大吃一惊吧。因为那时网上才会有真正的好事发生。

"网络公民"课堂活动

检测错误信息

教你的孩子如何检测他们一定会在网上遇到的错误信息，告诉他们"CRAP 检测工具"的含义。如果 CRAP 冒犯了你的敏感，请再加一个 A（accuracy，代表"准确"之意），变成"CRAAP 检测工具"。先让你的孩子使用 CRAP 检测工具：

1. 搜索假新闻。较好的方法是和你的孩子一起坐下来看屏幕，滚动浏览你的脸书动态，或者你可能用来获取和分享新闻的任何社交网络。你们一起寻找新闻故事，留意那些引人注目的标题，包括像"令人震惊""惊艳"或"等着瞧"之类的单词和短语。点击其中一个故事进行 CRAP 检测，回答下列问题（有时需要在谷歌上搜索）：

- 网站或故事是不是最新的？
- 网站或故事看起来可靠吗？
- 作者是谁？作者有什么资格证书？
- 提供的信息准确吗？
- 网站或文章的目的是什么？你发现什么观点了吗？

2. 如果你不使用脸书，请仔细阅读其他分享新闻的社交媒体网站。许多孩子通过快拍网上的"发现"功能获取新闻。如果你的孩子使用照片墙，让他们给你展示"发现"功能上的一些特色故事。大多数产品都是由信誉良好的机构制作的，例如，美食网（The Food Network）、《十七岁》杂志（Seventeen）、《纽约时报》（New York Times）和《国家地理杂志》（National Geographic）。看看你是否可以帮助孩子在他们自己的应用程序上检测错误信息。

3. 向你的孩子们解释，如今，任何拥有联网设备的人都可以在网上发布内容。告诉他们，许多人使用社交媒体获取新闻，有时甚至发现假新闻比真新闻更可信。（耶鲁大学的一项研究发现，通过在社交媒体上点赞或分享而重复出现的虚假新闻故事，看上去比真实新闻更准确。）谷歌和脸书都开始打击这种现象。告诉你的孩子，脸书用户可以举报虚假故事。请参考本章前面概述的步骤，向孩子们展示如何做到这一点。

消费者与生产者

这是对第四章中"和孩子辩论"活动的另一种解释。这一次，当你的孩子评估"数字节食"时,他们不会看他们花了多少时间在媒体上,而是看他们花了多少时间在消费或制作上。

1. 选一个假日,让你的孩子一天 24 小时跟踪他们的媒体使用情况(你也可以这样做),让他们写下他们使用的所有数字媒体——从早上醒来到晚上入睡。

2. 在一天 24 小时结束时,让你的孩子将他们的媒体使用情况分成两类:媒体消费和媒体生产。接下来,让他们把花在两者上的时间加起来。分类工作比较艰难,因为有些媒体的使用跨越了这两类。下是一些常见的例子:如果他们拍摄并上传照片,那就是在生产;如果他们狂看 YouTube 视频,那就是在消费。然而,如果他们使用 YouTube 制作并发布视频,或者评论别人的视频,那就是在生产。

3. 鼓励他们把数据转换成饼状图,这样可以帮助孩子们把消费和生产形象化,这是一项很棒的数学技能。下面是我的一个学生举的例子:

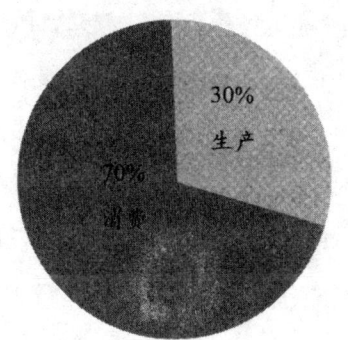

饼状图

4. 看看你的列表和饼状图,然后提问你的孩子这些问题:你花了更多的时间来生产还是消费?你生产了什么?作为生产者,你学到或使用了什么技能?将来你可以通过什么方式生产更多而消费更少?(记住,我们每个人都需要一点消费!)这样可以帮助你的家庭把你们的媒体对话的主题从"在线时间"切换至"积极使用在线时间"。祝你好运!

第八章　数字领导力

> 目前，我们似乎面临着一个巨大的讽刺：在这个日益人为化的时代，孩子们首先需要深入了解真实事物；在这个光速通信的时代，至关重要的是，孩子们要花时间开发自己内心的声音；在这个强大的机器时代，我们必须首先教会孩子们如何使用深藏在他们内心深处的惊人力量。
>
> ——洛威尔·蒙克《人情味》
> (Lowell Monke, *The Human Touch*)

每年我都会告诉我的学生，虽然我们在一起的时间会提供很多课堂讨论的机会，但他们要遵守一个规则：我说话时，他们要倾听。但路易斯（Luis）很难遵守这个简单的规则。这个精瘦结实、精力充沛的男孩对和同学聊天比对听我说话更感兴趣。坦率地说，我说的任何话似乎都不能使引起路易斯的兴趣。他一直渴望"网络公民"课堂结束，好让他去参加自己最喜欢的活动——休息。我几乎放弃了与他建立联系的希望。但有一天，他脱胎换骨了——那是在我的一堂"应用程序"课上。

每年开学后的几个月，我都会要求六年级的学生将良好公民守则——诚实、同情心、尊重、责任和勇气——应用到他们可能会加入或创建的网络社区中。他们的任务是在纸上创建一个网站或应用程序，其中至少有一条守则是核心守则。

路易斯全力以赴。作为一名狂热的山地车手，他决定"发明"一款名为"伤害警报"（Hurt Alert）的应用程序，让骑车者、徒步旅行者或其他人在外出旅行时能彼此帮助。这款应用程序的工作原理是这样的：想象一下你独自骑山地自行车时受伤的场景。这款应用会自动通知附近的骑手、徒步旅行者、跑步者或其他也在使用该应用程序的人，让他们知道你需要帮助。如果你要骑车或徒步旅行，你可以登录"伤害警报"，这款应用会让其他人知道你的近况，或者，在需要的时候，你可以帮助他们。路易斯对自己的想法感到非常兴奋，以至于这个平时不太投入的学生整节课都跟着我在教室里转，他手里拿着纸和笔，极其详细地解释该应用程序的每一个功能。他甚至放弃了他渴望已久的大部分休息时间来向我介绍这款应用程序。

公平地说，由于我也是一个狂热的山地车手，所以，我可能会以自己的热情鼓舞路易斯。第二天，我独自骑着山地车出门，在中途，我正在想着路易斯和他的应用程序，突然撞到了一些松动的泥土，失去了牵引力，接着就摔倒了。我没有受伤，但我发现自己处于一个尴尬的境地，暂时无法取下夹在脚踏板上的鞋子。当我躺在那里，试图让自己脱身时，我心想，如果手机上安装了路易斯的应用程序，那该多方便啊。

当我再次见到路易斯时，我告诉他发生了什么，以及我多么希望未来可以使用他的应用程序。他喜出望外，然后严肃地告诫我："格雷伯老师，您不该一个人骑车。我要马上创造那款应用程序。"

做善事应该没那么难

至于路易斯下一步是否会学习如何开发应用程序，还有待观察。但重点是，通过这个简单的活动，路易斯和他的同学们开始想象如何以积极和改善世界的方式使用他们强大的设备。这似乎很重要，因为我们看到很多应用程序和网站在事后才添加对社会有益的功能，或者只是为了回应公众的强烈抗议。让我举几个例子：

- 2017 年的一份报告称，照片墙是心理健康和幸福感最差的社交媒体网络。这份报告建议照片墙和其他应用程序"通过用户的帖子和其他数据来识别可能患有精神健康问题的用户,并向他们提供有关在哪里可以得到帮助的谨慎信息"。不久之后,照片墙增加了3个新的"安全和友好功能",其中一个允许用户标记其他可能需要帮助的人。现在,照片墙得到通知后会向这些用户发送一条支持消息,并提供去哪里寻求帮助的选项。

- 推特网因不能在线解决网络霸凌问题而受到广泛批评,此后于2017年初,该网站开始将网络霸凌置于"超时"状态。今天,"网站将暂时限制恶霸们的推文的传播范围,霸凌者的推文只会显示给其关注者"。
- 英国威廉王子通过"停止、发言、支持"活动,说服了脸书和快拍网启动一项试验计划,支持网络霸凌的受害者,并为互联网用户实施安全指南。据一份新闻报道称:"这家全球社交媒体公司有史以来第一次调整其平台,以便在霸凌发生时提供直接的支持。"威廉王子表示,他希望该计划"可以成为全球蓝图"。

虽然这些都是了不起的进展,但都回避了一个问题:进展来得太迟了吧?

保护用户和打击网络暴力的功能不应作为附加组件,而应作为前提条件。这些功能应该是每个应用程序开发商的公民责任,它们应该像汽车安全带一样无处不在。

基于这个原因,我鼓励学生们想象一下他们将来可能开发的应用程序、网站或服务的功能。以下是他们提供的一些创意:

- 算法推荐技术:检测并自动将恶意评论转换为善意评论。
- 安全软件:向霸凌者发出两次警告,如果出现第三次违规,立即强制注销其账户。此外,如果霸凌者试图开设新账户,即便使用不同的用户名,该软件也会检测并阻止他们。
- 应用程序:每当付费顾客点餐时,它就会(通过无人机)为无家可归者提供食物。

在当今世界上极具规模和影响力的社交媒体网络——脸书——诞生于创始人的大学宿舍中,所以,一切皆有可能。

小孩子发明的应用程序

一天清晨,我接到露西·卡多娃(Lucy Cadova)的电话。她是在回应我关于"直面"网站(FaceUp.com)的信息请求。"直面"是一款反霸凌应用程序,可以将受到威胁或骚扰的学生与学校的成年教职工联系起来。这款应用的官网介绍令人印象深刻,据说是一群朋友想出了"直面"的创意,因为他们发现,高中生活绝不只是彩虹和独角兽的浪漫传说。

卡多娃是从位于捷克共和国东南部的布尔诺市打来的电话(我在"直面"网站上看到了一个加利福尼亚的地址,这让我很吃惊)。她立刻为自己的英语水平道歉(除了有一点轻微的口音外,她的英语几乎是完美的),并说她学习英语的时间比"直面"网站的其他小职员都要长,其他人大多还在上高中。卡多娃告诉我,她刚刚满18岁了,因此,她放学后负责回复美国的电话。

"直面"网站并不是该团队的第一次冒险。他们已经建立了一个网站,让学生们匿名举报校园霸凌事件。按照卡多娃的说法,捷克共和国20%的学校都在使用它。

尽管"直面"团队的每个孩子都亲身经历过霸凌,但这款由简·斯拉马(Jan Slama)创意设计的应用程序主要服务对象为旁观者。卡多娃告诉我,孩子们经常袖手旁观,看着霸凌发生,因为他们不知道如何提供帮助而不会沦为霸凌的受害者。她解释道:"'直面'可以让任何人为朋友、为你不太了解的人、甚至为自己说话,而不用冒被曝光的风险。"

我想,匿名是多么有趣的一种方式啊!通常,匿名应用程序仅仅因为匿名就会自动获得负面评价。比如,Ask调频、悄悄话(Whisper)、放学后(After School),等等。大家都认为,因为孩子们可以隐藏自己的真实身份,所以他们主要是用这些应用来欺负人。"直面"颠覆了这一概念，它的前提是，需要帮助或想要帮助他人的孩子可能也想保持匿名。

卡多娃说，面向学校的免费应用"直面"有3个主要功能。第一个功能是"报告"，以"简单"的匿名方式大声说出来，为自己或他人寻求帮助，第二个功能是发送信息，这是一个实时聊天工具，可以让孩子们匿名向老师、辅导员或管理员寻求帮助。卡多娃解释道："有时面对面地讨论问题并不容易。"最后，"直面"中还有一个紧急呼叫装置。她告诉我："这应用于比如在学校打架，或者需要立即采取行动的情况。"

当我问这个团队如何推广这款应用时，她咯咯地笑了："算不上市场营销——我们只是一群孩子。"但这些孩子刚刚从硅谷回来，他们在那里遇到了考虑使用这款应用的导师、老师和学校代表。旧金山地区的两所学校已经签署了协议。卡多娃告诉我，在过去的两周里，她可能与40多所美国学校进行了交谈，"但学校要放春假，我真的需要抓紧时间了"。

"直面"是希望让世界变得更美好的年轻企业家开发的多款应用程序之一。下面再介绍几个此类应用：

- 13岁的艾丽·蒂尔福德（Ellie Tilford）观察了母亲努力让患有痴呆症的祖父记得吃药之后，她和5名中学同学发明了"吃药闹铃"（Pharm Alarm）。如果用户忘记吃药，这款应用不但会提醒用户吃药，还会向3个紧急联系人发送预先录制好的信息。如果紧急联系人在规定的时间内没有响应，这款应用将通知该用户的医生。
- 16岁的娜塔莉·汉普顿（Natalie Hampton）开发了一款名为"坐下来一起吃饭"的应用程序，帮助孩子们在学校餐厅找到可以同桌吃饭的人。使用她的应用程序，孩子们可以私下交流，安全地拼桌吃饭。他们可以在别人的陪伴下吃饭，而不必忍受独自吃饭的孤独与尴尬。
- 印度少女们使用麻省理工学院的应用程序"发明家"（Inventor，一款免费的应用程序制作工具）创建了帕尼（Paani），该应用程序可帮助妇女和儿童在孟买达拉维（Dharavi）贫民窟的社区水龙头取水时保持安全。该应用程序创建了一个在线队列，并在轮到住户取水时发出警报，帮助他们避免排长队（有时不安全）的等待。

在发现这些由孩子创建的神奇的应用程序之后，我不禁好奇，如果鼓励所有的孩子或他们都有机会在网上发挥自己的创造力、独创性、同情心和善良，会怎样呢？如果我们少花点时间关注孩子使用数字技术的糟糕方式，或者数字技术对他们的坏影响，把精力重新集中在帮助他们成为网上积极的创造者，而不是被动的消费者，会怎样呢？当孩子们实现了这一愿景时，我们为他们庆祝，会怎样呢？谢天谢地，有人做到了。

上网也可以对孩子有利

马特·索斯（Matt Soeth）是来自加利福尼亚的和蔼可亲的高个子男人。这位前高中教师和金·卡尔（Kim Karr）老师是"我可以帮忙"（ICANHELP）组织的创始人，该组织旨在教育和鼓励学生积极使用社交媒体。

"很多谈话都是关于发生在孩子身上的负面事情，"索斯告诉我，"每一个新闻故事、每一篇报道、每一次警告、每一场道德恐慌，都是关于我们需要如何保护孩子，以及他们无法照顾自己。而现实是，在正确的训练和指导下，孩子们会做一些真正了不起的事情。"

索斯和卡尔决定通过发起"四项数字好活动"（Digital 4 Good）来强调这一点，这是一项庆祝"学生在社交媒体上的声音和数字领导力的活动"。他告诉我，这项为期一天的活动，于2017年在推特公司全国总部举行，旨在表彰那些积极使用电子设备的杰出儿童。每个项目都由同行提名，并由教育工作者和行业代表组成的小组选出。

当我让索斯回忆去年最令人难忘的获奖者时，他想到了一个名叫梅芙

(Maeve)的 13 岁女孩。"她是我们最年轻的获奖者，"他说，"她患有多种食物过敏症，但她喜欢烘焙。因此，她开始研究食谱，然后制作一些自己的食谱，再将其发布到网站上，直到开始流行起来。"根据索斯的说法，其他有类似饮食限制的人也被吸引到她的网站，该网站叫作"面包师的乐趣：现吃现做不含麸质和奶制品的甜点"，现在"她真的有很多粉丝了"。

在"四项数字好活动"中，所有获奖者都展示了他们的项目。"梅芙非常紧张。"索斯告诉我。这是可以理解的，因为她不仅要在推特网上向大约 100 人发表演讲，而且还要向几千人进行直播。索斯接着说："但是，梅芙站到了台上，并反问：'仅仅因为我有食物过敏症，并不意味着我不能吃味道好的食物，不是吗？'她是非常可爱的小姑娘，你应该看看她的视频。"

我确实看了她的视频，在屏幕的角落里，用手机捕捉梅芙演讲的是她的母亲——网络安全咨询公司的丽兹·雷平（Liz Repking）。

几周前我们聊天时，雷平没有厚着脸皮吹嘘她的女儿，我感到很惊讶，于是打电话询问梅芙的项目。"哦，这一切都始于几年前，"雷平说，"那是我告诉梅芙我想让她在夏天开始写日记的时候。她只是看着我，好像我疯了一样。"

就在那时，梅芙的父亲帮她建立了一个博客，她可以在那里分享她对烘焙的热爱。虽然，他最初教梅芙如何建立网站——雷平说："父女俩花了几个小时一起研究。"——但现在，梅芙自己管理网站，上传她所有的食谱、照片，等等。"她会走进自己的房间，花很多时间整理东西，"雷平告诉我，"但她的激情在于烘焙。数字技术只是分享激情的手段。"

"我们发现：孩子们有能力做真正的好事，但他们需要的是一个能支持他们、引导他们、真正推动他们前进的成年人。"雷平告诉我。

从此，等着瞧他们展翅高飞吧。

请给你的孩子一双翅膀

大多数希望获得数字育儿帮助的父母并不喜欢听到关于孩子在线制作绝妙作品的故事。我记得,大约10年前,我第一次参加"网络安全"演讲大会。一名演讲者是当地一家电脑维修公司的老板,他的演讲以"内容丰富、引人入胜"而著称。我拿着纸和笔去参加,发现自己被近200名焦虑的父母包围了。他讲述了一个又一个关于网络霸凌、色情作品等的恐怖故事,我们在座位上坐了两个小时。太可怕了!

那天晚上,我开车回家,随手把潦草写下的笔记塞进了口袋,这些笔记包括一长串他让我们回家并立即从孩子们的设备中删除的"有害"应用程序。我想知道,照做的父母有多大把握让孩子罢手?天生好奇的孩子要多久才能找到父母藏在新地方的"饼干罐"?

那是很久以前的事了,人们可能认为我们已经进步很多了。错!就在上周,和我一起工作的彼得·凯利(Peter Kelley)接到了一个当地社区组织的电话,该组织想请彼得为中学女生及其父母做一场演讲。彼得准备带领他们参加我们的一项数字声誉活动,突然接到了该社区的第二个电话,组织者想确认一下"彼得能不能把女生们吓个半死"。彼得礼貌地解释:"我可不想那么做。"因为,根据我们的经验,恐吓式教育的效果往往适得其反。恐惧会引起人类的生理反应,称为"或战或逃反应"(fight or flight response)。虽然孩子们可能不会在你演讲时和你"打仗",但他们会在精神上"逃跑",这意味着,他们不会听你的话。所以说,如果你想让孩子们学点什么,吓唬他们是没用的。

彼得失去了这次演讲机会。电话另一端的女人说了声谢谢,转而雇用了一个更吓人的家伙来做这份工作。

"这里存在一个问题,"NAMLE执行董事米歇尔·西乌拉·利普金说,"我们大部分时间都在担心网上那些负面的东西,几乎没有时间去赞美和鼓励那些美好的东西。为什么在技术领域,我们所做的只是考虑最坏的情况?为什么我们要这样对待我们的孩子？为什么我们要这样对待我们自己？为什么媒体只报道这些东西？"

除了在 NAMLE 的全职工作外，西乌拉·利普金还定期走访学校，发表"在数字时代养育子女"的演讲。她的演讲从评估父母对数字技术的感受开始，她和我一样，发现父母的焦虑感达到了空前的高度。"我很惊讶，父母们仍然在挣扎，"她说，"我让父母感动得热泪盈眶，因为他们所做的只是为了媒体而与自己的孩子争吵。然后，当我与孩子们交谈时，我简直不敢相信他们对数字生活有多紧张，这全是因为他们的父母都'被石化'了。真的没必要这般艰难。"

西乌拉·利普金认为，在数字时代养育子女之所以如此艰难，是因为这是一种全新的体验。"成年人和青少年之间总是存在着脱节，"她说，"但是，现在社会的变化发生得如此之快，我们真的很难弄清楚如何在一个新的世界里为人父母。"

正如三届普利策奖（Pulitzer）得主托马斯·弗里德曼（Thomas Friedman）在他的最新著作《感谢迟到的你：加速时代的乐观指南》（*Thank You for Being Late : An Optimist's Guide to Thriving in the Age of Accelerations*）中所说的那样，"技术变革的速度正在加快，已经超过了大多数人能够承受所有这些变革的平均速度。"结果，大多数人都跟不上。弗里德曼解决这一难题的方法是"动态稳定性"（dynamic stability），他将其比喻成骑自行车。就像骑自行车一样，你不能站着不动，你必须继续踩踏板。

我不太喜欢弗里德曼的"骑自行车"比喻，那就扩展一下，拿我最喜欢的山地车做比喻吧。在陡峭的下坡路上，前进的动力是你最好的朋友。你能做得最糟糕的事就是放慢速度。你骑得越快，甚至把你自己推到一个感觉不舒服的速度，你就会越成功地驾驭地形。

数字育儿也是一样。即便在快拍网上注册账号或尝试《我的世界》手游让你感到不舒服，你也必须向前看。你不仅需要进行令人沮丧的研究，还需要了解自己的孩子在网上实际正在或可能正在做什么。正如西乌拉·利普金所说:"你会读到一项研究认为'孩子沉迷于社交媒体',也会看到另一项研究显示'孩子被社交媒体赋予了力量'。这是最难的部分。有很多东西我们不知道。"

让我们看看我们所知道的东西吧。西乌拉·利普金还说:"我们知道,我们花了很多时间在媒体上;我们知道,媒体对我们来说真的很重要;我们知道,毋庸置疑,媒体影响着我们;我们知道,影响可以是积极的,也可以是消极的;我们知道,使用媒体有风险,但也有机会;我们还知道,家长们真的很担心,且不知所措。"

她总结道:"这就是我们所知道的东西。"

不是技术问题,而是社会问题

本书的主要目的是为你提供工具,帮助你的孩子与数字技术建立健康的关系。虽然你不需要任何技术和技能来做这份工作,但你需要利用你已经知道的有关为人父母的知识。

"父母低估的最大事情就是他们作为人类的生活经验,"索斯说,"他们都有过恋爱经历。他们有过好朋友,也有过坏朋友。有些人善于伪装,而有些人,无论在这个世界上多久,他们的生活都是真实的。但我认为,当涉及数字技术时,就会出现一堵墙。父母们认为,'我不懂数字技术,所以我帮不了你'。"

索斯表示,父母认为在线生活与离线生活之间存在明显的差异。"但对年轻人来说,没有线上和线下之分,因为两者都是生活。"今天的孩子需要父母引导他们克服生活中的困难。

西乌拉·利普金的意见一致:"我经常看到父母把他们的权力交给数字技术。他们忘了,孩子、网络或社交媒体上出现的大多数问题都不是技术问题——而是社会问题。"

让我举几个例子：

- 一个家长说："我不允许我的孩子观看禁片，但他们会偷偷去朋友家看，我知道他们对我撒谎了。"西乌拉·利普金的回复是："哦，这不是技术问题，而是撒谎问题。如果他们在别的事情上对你撒谎，你会怎么反应呢？"

- 一个家长说："我女儿对快拍网上的朋友对她的戏弄很不高兴，我帮不了她。"西乌拉·利普金的回复是："其实你可以帮她的。难道你没有体验过孩子们的小把戏吗？"

- 一个家长说："我9岁的女儿非常想要一个快拍网账号，我不知道该跟她说什么。"我的回复是："很简单，直接拒绝啊。这是一个经得起时间考验的靠谱回答。当你那9岁的孩子哭着说：'你根本不懂！'你可以说：'我懂！当我14岁的时候，我真的很想开车，但开车的最低年龄是16岁。我等待，我挺了过来，你也可以。'"

瞧，多简单啊！汲取你多年以来在地球上积累的来之不易的智慧，引导你的孩子把握新的形势。理解他们，与他们对话。你那十几岁的儿子刚和他的初恋女友分手了吗？很有可能他正在经历另一种心碎的感觉，因为他看到了一些帖子和照片，显示没有他在身边的她多么快乐，或者更糟的是，她和别人在一起多么开心。找他谈谈吧。你女儿玩电子游戏的时间比读书的时间更多吗？也许她从游戏中学到了一些在其他地方学不到的东西。或许她在学校里正经历着巨大的压力，而游戏给了她一个喘息的机会。或许她发现，在游戏中与同龄人交流，比在现实生活中更容易。找她谈谈吧。深入挖掘你自己的记忆，回想一下有没有这样的时刻——你被女友（男友）甩了，或者你观看了一个教你新东西的电视节目，或者你发现和同事通电话比面对面交流更容易。你可以这么做。

记住，你不是一个人在战斗。世界各地的父母都在为同样的问题苦苦挣扎。也找他们谈谈吧。

"我认为家长必须在自己的社区就这些问题展开对话，并寻求支持，"西乌拉·利普金说，"父母和学校必须共同努力，因为我们不再生活在一个可以把家庭和学校分开的世界里。管理人员必须支持教师的专业发展，因为教师也必须了解这些问题。我们都要问一问，我们是否在自己的社区中进行这些对话。"

未来不可预测

当我即将与另一批学生告别的时候——我很幸运地指导他们度过了3年的"网络公民"课程——我十指交叉，祈祷自己已经为他们未来的技术发展做好了充分的准备。谁知道未来会怎样？优步公司（Uber）派飞车送比萨？一眨眼就能搜索到信息的互联网？你可以在身上贴一层薄薄的塑料薄膜，它会变成微型电脑显示器？（最后那个已经实现了。）

我认为，让学生为不确定的技术未来做好准备的最好方法就是激励，途径是讲述其他年轻人以积极有效的方式利用手中技术的故事。例如，我要向他们介绍"阿拉伯之春"（Arab Spring），这是2010和2011年在中东和北非发生的民主抗议和运动浪潮。那里的学生利用社交媒体精心策划使国家政权迅速而相对和平地解体。脸书提供了一个他们可以组织、见面和分享想法的地方。他们甚至利用脸书策划了许多人认为的埃及首次有组织的抗议活动，最终引发了全国范围内反对埃及前总统穆巴拉克（Mubarak）的运动。美国前总统奥巴马赞扬了数字技术在导致穆巴拉克下台的运动中所起的作用。

还有佛罗里达州（Florida）帕克兰市（Parkland）玛乔丽·斯通曼·道格拉斯高中（Marjory Stoneman Douglas High School）的学生如何利用他们的工具来促进重大的社会和文化变革的故事。

2018年的情人节，他们所在的高中校园发生大规模枪击事件，造成17名学生和老师死亡，悲痛欲绝的学生们决定倡导新的枪支控制法律，于是他们拿起电子设备开始工作。首先，他们用手机实时而生动地捕捉到枪击过程中的恐怖场面及他们对此的反应，然后在网上分享这些内容。接下来，学生们把自己的想法发布到脸书和照片墙上，这导致了直播和激情演讲的走红。很快，更多的学生开始关注社交媒体，尤其是在推特网上，学生们热情地转发和推文。"永不再来"（Never Again）运动诞生了，随之而来的是一群热心公益的年轻人。学生们利用他们精通的社交媒体（他们常常因为使用社交媒体而遭受嘲笑），霸占了枪支控制问题对话，并要求立法者立即采取行动。针对这个问题所花的时间，普通的成年人可以写一篇新闻稿，而这些孩子的认知超越了华盛顿所有政客的总和。

《数字化成长》（Grown Up Digital）的作者唐·泰普斯科特（Don Tapscott）在接受《纽约时报》采访时表示，他认为如今的青少年比上一代更善于沟通。"他们并没有成为别人话语的被动接收者……他们已经成长为互动者和传播者。"在同一篇文章中，《家长的语音课程：说什么、如何说和何时听》（Voice Lessons for Parents: What to Say, How to Say It, and When to Listen）的作者兼临床心理学家温迪·莫格尔（Wendy Mogel）是这样评价今天的年轻人的："他们有胆量、有活力、乐观，而且非常聪明。"

我同意。当我们把年轻人描写成"无所事事、冷漠或抑郁"的时候，其实是完全低估了他们。更糟糕的是，如果我们根据自己读到的有关年轻人的新闻标题来定义整整一代人，那就显示出我们对这个复杂（有时令人沮丧）世界的无知了，他们别无选择，只能在这个世界中长大。无论我们喜欢与否，这个世界都与数字技术密不可分。别忘了，是我们这一代人把联网设备变成了他们的一部分。我们把小玩意儿塞进他们的小手掌，几乎没有任何指导，没有任何榜样，有时甚至提前好几年，他们还没具备这些认知，更别说充分使用这些设备了。尽管很多孩子被放任不管，但他们的表现相当不错。我在想，如果我们可以提供一点帮助，还有多少孩子会做得更好呢？

数字时代的人类

五月下旬的一个周末，在旅程学校的一次"网络公民"研讨会上，一位来访的老师问我们八年级的学生："你们学到的最重要的数字技能是什么？"没有一个学生马上回答，这让我有点担心。似乎过了很长一段时间，一个长着深棕色眼睛的爱思考的小男生塞布（Seb）回答道："我们没有学习数字技能。"我看得出这位老师和我一样对他的回答感到惊讶。令我欣慰的是，他接下来的话是："我们学会了生活技能。"他可以看出这位老师还是不明白。塞布解释道："基本上，我们学会了如何在网络世界和现实生活中做人。"

在这个算法推荐技术和机器人盛行的时代，学习如何做人比以往任何时候都更具挑战性。短信简短而失礼，语音助手并不指望得到一句"谢谢"，自动应答器也无法检测到发送者何时需要一句亲切的话语或拥抱。为了培养出能够运用数字技术的孩子，让他们具备共情、理解、体贴、同情和其他所有让生活有价值的古老的人类品质，我们必须在孩子还小的时候于现实生活中播下这些优良传统的种子。这样，当他们长大和变聪明时，他们就会拥有这些基本的人类品质，可以在网络世界中真正需要的地方加以利用。或许他们也会记得时不时地放下手机，去收集现实生活中的奖励，比如，真正的拥抱、真诚的微笑和热情的击掌。我希望本书可以让你帮助你的孩子做到这一点。

在结束这一章的时候，我想找到一个易于记忆的短语、一句简单的格言或爽快的提要来总结在数字世界中做人的意思——你可以告诉你的孩子且你的孩子会马上明白的东西。由于我在撰写本书前几章的时候开始担心咖啡因的摄入量，所以我改喝康普茶（一种"健康"的替代品，仍然提供适量的咖啡因）。百无聊赖的时候，我读了茶叶罐背后的标签。你瞧，标签上写着一句我很喜的简短箴言。巧合的是，我也知道这句话的作者是谁：康拉德·安克（Conrad Anker）。安克是我丈夫的登山伙伴。不是"我们去攀岩吧"这种伙伴，而是"我们要去探险，如果运气好的话，两个月后我们就能完好无损地回来"那种伙伴。多年来，他们一起挺过了一些大山和高海拔的灾难——从第一次攀登南极洲的毛德皇后地（Queen Maud Land），到拍摄欧内斯特·沙克尔顿（Ernest Shackleton）爵士穿越南佐治亚岛（South Georgia Island）的史诗般的旅程。安克杰出的攀岩生涯使他迅速获得了国际认可，所以我猜想，他的经历为其思考人生中的重大问题提供了很多机会——悬挂在离甲板几千英尺的绳索上，可以让人看得更清楚。

因此，承蒙安克的好意，这是一句提醒你和你的孩子在数字时代如何做人的完美格言。简而言之，就是：

"做个友好、善良、快乐的人！"

尾 声

如果你已经读完了这本书,和你的孩子一起完成了所有的"网络公民"的课程,那么,你的工作完美收官了!你知道奠定坚实的社交和情感技能基础的重要性,你知道如何帮助你的孩子建立一个坚固的结构(由4根坚固的柱子支撑),可以抵御任何可能打击他们的数字风暴。你会鼓励他们以积极有效的方式参与网络活动,你知道这需要大量的时间和精力。这样做值得吗?

我自己也曾对此感到疑惑,于是我决定,最好的办法就是采访我的第一批"网络公民"学生(2010年我女儿派珀的班级)。从本质上说,这些孩子是我的"小白鼠",他们热情地参与任何我向他们提出挑战的活动,我们一起找出哪些活动效果最好。我想知道,如今正在上大学或正在工作的他们,之前的课程是否会对他们的实际数字生活产生影响?

我让我的助理安娜·迪克迈耶(Anna Dieckmeyer)帮我找出答案。19岁的她和我以前的学生一样大,所以,我认为,他们会对她更坦诚。我给了她一个指示:找出他们与数字工具的关系。我还告诉她,我们可以给每个学生取一个化名(我这本书里提到的孩子名字也是化名)。有趣的是,他们都同意使用真名。我认为这是个好兆头。

安娜的第一手资料如下:

当戴安娜老师要求我采访她以前的学生,了解他们目前与数字工具的关系时,我首先停下来考虑的是我自己的问题。就我个人而言,和其他人一样,我从未真正考虑过把互联网、社交媒体和数字技术作为工具——我指的是我一直在用的这些东西。但也和我认识的大多数人一样，我倾向于直接把它们与误用的不良后果联系起来。另外，数字技术一直就是如此巨大的"入侵者"。你不能忽视的东西——你需要的东西——无论你多么渴望相反的结果都无济于事。我想说的是，我从来没有把互联网看作是一种有益的创新，虽然这听起来很奇怪，但可能是我们这一代人的心声。然而，一些采访改变了我的想法，下面一一列举出来。

我采访的第一个人是加勒特·华莱士（Garrett Wallace），他是三多贝克学院（Saddleback College）的一名新生。虽然他承认（说得相当简短）他记不起具体的课程，但我发现，他对社交媒体的使用是独一无二的。比如，我们这个年龄段的大多数人在照片墙上有公开资料，旁边还有一个单独的私密账号（小号），他们可以在那里分享东西，只有亲密的朋友才能看到。加勒特解释："我是唯恐避之而不及。我的主要账户是私密的，我只是想知道谁在看我的东西。"他描述自己的帖子"关爱家庭……我不诅咒或张贴我和我的朋友做坏事的视频"。他保持聪明和谨慎，消除任何损害他的声誉的机会。对我来说，这听起来很像"网络公民"课堂的教导。

接下来，我采访了奎因·肖（Quinn Shaw），她是索诺玛州立大学（Sonoma State University）魅力型的大一新生，主修英语和心理学，辅修老年医学。我认识奎因的时间和我认识戴安娜的女儿派珀的时间一样长，所以，我已经知道她对社交媒体的使用是有限的。当我问她是否认为"网络公民"课程帮助了她的数字生活时，她说："我并不是毫无准备——你知道，从一开始我就没想过要发送裸体照片。"她笑了："但在理解'你的数字足迹不会消失'的意义上，那些课程强化了我不应该做那样的事情的思想。"

奎因记得围绕社交媒体活动出错的真实例子进行课堂讨论和玩游戏的往事。她会记住这些事情是有道理的，因为任何一种动手或互动的活动都是赢得儿童和青少年兴趣的关键。我也问奎因，她是否认为她对社交媒体的使用是独一无二的,她给出了一个很好的例子:"有时我和朋友们聊天,我说:'哦,我想关闭我的照片墙账户!'他们可能会说:'可你为什么要那么做呢?'我只能说:'因为你们会沉湎于其中,这很烦人。'他们可能会说:'什么?'因此,虽然我认为部分原因显然是由于纠结我是谁的问题,但我认为,这是参加过此类课程的孩子的典型情况。"

就我个人而言,虽然我也渴望摆脱照片墙和快拍网之类的应用程序的困扰,但我从来没有让自己坚持下去。但是,当我和奎因及其他人交谈时,我开始意识到,他们对没有社交媒体的生活感到多么轻松自在,也许是因为他们很早就知道了媒体的利弊。

伊莱亚斯·伯利森(Elias Burlison)是萨克拉门托州立大学(Sacramento State University)数字声誉项目的机械工程专业和计算机科学专业学生,他对社交媒体有很多看法。和奎因一样,他也认为应该限制照片墙和类似应用的使用,还担心面对面社交互动的减少:"我知道我们这个年龄的很多人并不这么认为,但我认为它(社交媒体)取代了人与人之间的基本互动。你知道,你不是和别人一起吃午饭,而是给他们打电话、发短信或视频聊天,这是一个问题。"

他继续说:"我认为你们不应该仅仅局限于数字互动。你们应该拥有更多。显然,我仍然拥有所有这些设备,但是如果我有选择的话,我会选择不使用它。"

我相信在我这个年龄段里有更多像伊莱亚斯和奎恩这样的人,在"现实"世界中,我们比媒体所描绘的更加社会化。但在现实中,我们的队伍似乎越来越萎缩,这使得这种教育更加重要。

伊莱亚斯也指出:"确实没有人告诉孩子们,公众或社会可以接受网上的哪些东西。我们也谈过这事。我是四个孩子中的老大,所以,我把我学到的一切都告诉了我的弟弟妹妹。"

他继续解释:"我们学会了如何充分利用社交媒体,而不是发布一些日后会对我们产生负面影响的东西。戴安娜老师也热衷于解释每件事,我认为这很了不起，尤其是当你还是个小孩子的时候，还得有人教你做事儿。通常你不听，除非你明白。"

在采访中，我注意到，数字声誉的影响一直伴随着戴安娜老师的第一波学生，包括索菲亚·法兹利（Sophia Fazli），一个随和的时尚商品专业学生。她告诉我："这确实让我更加清醒。"对她来说，这些课程一直延续到她今天使用社交媒体的过程中，她说："我只是对自己发布的内容保持谨慎。"

当时，有人发现一个女生联谊会的朋友在私人账户上发布了一张不合适的照片，这种过度分享个人信息和有争议的内容的后果间接影响了她。她解释道："这是有风险的，可能会对很多人带来不好的影响。那个女生必须要去承认和弥补错误。"

索菲亚还谈到了发布家庭友好内容的重要性，以及如何让她的家人看到她的帖子，让她远离任何类似她朋友经历的情况。

尼古拉斯·罗恰（Nicholas Rocha）是三多贝克学院一名性格外向的大一新生，他打算转到加州大学圣克鲁斯分校（UC Santa Cruz）继续攻读海洋生物学学位，他立刻记起了如何设置安全又容易记住的密码。"整个班级被分成不同的小组，我们必须根据规则想出有创意的密码。我们要强调在重要场合使用不同密码的重要性——使用不同的密码来管理你的邮件，或者你的脸书之类的东西。"

尼古拉斯记得，当他上这门课的时候，社交媒体刚刚开始成为"大事"，尤其是照片墙："当我们学习"网络公民"课程时，一切才刚刚开始。我们了解到，将来它会更多地用于工作、大学等场合，人们会用它来从专业的角度评判你。当然，在高中的时候，我的很多朋友都没有上过这门课。他们没有考虑到这一点。"

下面是尼古拉斯最近在申请两份不同的工作时发现的问题。

他们问我："嘿，你明天能来吗？我们能检查一下你的社交媒体账号，看看发生了什么事吗？因为我们要确保没有太不合适的东西。"

幸运的是，尼古拉斯没有什么好担心的。他已经明白，有很多事情不适合在网上发布。

我的结论

得到大家的反馈后，我发现了这些学生与我们这代人之间的两个巨大差异。首先，他们懂得如何积极有效地使用互联网，并更清楚哪些错误可能会损害他们的数字声誉。其次，与我们这一代的许多人不同，他们中似乎没有人沦为网络设备的奴隶。

用伊莱亚斯·伯利森的话来说："我认为，数字教育最终会被整合到某种公共课程中，难道不可以吗？尤其是当每个会摆手的孩子手里都拿着苹果平板电脑的时候。现在，数字媒体是当今社会的重要组成部分。不管怎样，关于数字的教育总会找到出路。"

鸣　谢

如果说养育一个孩子需要一个村庄，那么，帮助一个初出茅庐的作者将一个想法变成一本书，当然也需要一个繁华的大都市。我非常感谢下面这些人的诸多帮助和鼓励。

首先，感谢我的家人。尽管我不愿承认，当我坐在那里盯着屏幕时，他们一直盯着我的后脑勺。感谢我的女儿伊丽莎白和派珀，感谢她们大度地允许我了解她们错综复杂的数字生活。但我最深切的感激之情还是留给了我的丈夫迈克尔。他一直是我最大的啦啦队长，鼓励我完成了 4 年的研究生学习，又努力适应更加忙碌的我——接下来的 8 年，我工作、学习和旅行——我掉进了"数字素养"的"无底洞"。得到配偶的坚定支持，确实是生命中最宝贵的礼物之一。

如果没有我采访过的许多专家的帮助，这本书是不可能完成的。有些名字你们可能不知道，但应该知道。每个人都在努力工作，让网络世界更加安全和理智。感谢你们——艾伦·卡兹曼、布拉德·希尔、布列塔尼·奥勒、奇普·多诺霍、辛西娅·利伯曼、大卫·格林菲尔德、大卫·克里曼、艾琳·赖利、盖比·齐克曼、杰克·麦克特尼、杰森·奥勒、詹妮弗·林恩·阿尔瓦雷斯、吉姆·埃西克、乔尼·西亚尼、凯莉·门多萨、丽兹·雷平、露西·卡多娃、马特·索斯、米歇尔·波巴、米歇尔·西乌拉·利普金、米歇尔·德劳因、米歇尔·怀特克、乌里·阿祖莱、帕梅拉·赫斯特-德拉·皮埃特拉、帕梅拉·路特里奇、帕蒂·康诺利、彼得·凯利、理查德·格里、罗斯·艾莉斯、萨米尔·辛杜加、沙赫尔·法塔斯、肖纳·莱夫、雪莉·格雷泽-凯莉和苏·雪夫。

如果没有作家苏·雪夫的鼓励，我永远也写不出这本书，她说服我相信自己一定能做到。我还要感谢她把我介绍给我的经纪人，乔尔·德尔伯格公司（Joelle Delbourgo Associates）不知疲倦的杰奎琳·弗林（Jacqueline Flynn）。我采纳了她严格的写作指导建议，让实际的写书工作变得容易起来！还要感谢哈珀柯林斯出版社（Harper Collins）领导团队的编辑蒂姆·布加德，他耐心地指导我从初稿到终稿的过程；感谢阿曼达·鲍奇（Amanda Bauch）、杰夫·法尔（Jeff Farr）和利·格罗斯曼（Leigh Grossman），他们的编辑工作让我的文字魔力大增；感谢希拉姆·森特诺（Hiram Centeno）和西西里·阿克斯顿（Sicily Axton）的营销才能。还要感谢我的同事彼得·凯利和我的丈夫迈克尔，他们工作很努力，帮我编辑了第一稿。

我从构思到出书的旅程始于我在菲尔丁研究生院攻读媒体心理学和社会变革硕士学位期间接受的惊人教育。虽然我师从的每一位教授都很了不起，但我特别要感谢帕梅拉·路特里奇博士，感谢她与我分享她丰富的知识和实用的建议，最重要的是，感谢她对新技术的积极潜力所持的坚定不移的乐观态度激励着我。

从实战经验中，我收获了一群聪明而热情的朋友：辛西娅·利伯曼、蒂娜·胡佛（Tina Hoover）、卡拉·卡西利（Carla Casilli）、丽莎·斯诺·麦克唐纳（Lisa Snow Macdonald）、拉拉·霍夫斯（Lara Hoefs）和辛西娅·文尼（Cynthia Vinney）。感谢多年来你们每两个月抽出一个早晨来陪我一起"思考人文与科技"。最要感谢辛西娅·利伯曼，8年前，带着新的硕士学位和共同的热情，我们推出了"网络智慧"（即"成长不掉队"），决心与家长和老师分享我们对数字媒体的知识。谢谢你陪我踏上这段旅程！

感谢多年来一直鼓励我的朋友们，尤其是帕蒂·康诺利和雪莉·格雷泽-凯莉，他们说服我要"向前一步"！

我要写一本关于养育孩子的书，不可避免地会想起自己的童年。我很幸运，经历了一次美妙的（虽然有些喧嚣的）成长，周围有 4 个独立且直言不讳的兄弟姐妹，他们还会让晚餐时的聊天变得有趣。感谢我的父母，伊丽莎白和唐纳德·舒尔茨，让我们的童年充满爱和欢笑，并一直延续到今天。

我要特别感谢旅程学校的温暖社区。感谢学校的前任管理者沙赫尔·法塔斯，他抓住了"网络公民"课程的机会，鼓励我传授给其他人。为此，我将永远心存感激。还要感谢我女儿六年级的老师、旅程学校的现任管理员加文·凯勒（Gavin Keller），感谢他盛情邀请我到他的教室讲授第一堂课。

衷心感谢凯勒先生班上的学生们，特别是那些同意接受我聪明的助理安娜·迪克迈耶为本书所做的采访的同学们。感谢你们——伊莱亚斯·伯利森、加勒特·华莱士、尼古拉斯·罗恰、奎因·肖和索菲亚·法兹利。

最后，同样重要的是，我最深切地感谢每一个我有幸与之分享"网络公民"课程的孩子，包括我直接教过的孩子和其他老师教导的孩子。我特别感谢许多教师和学校在他们自己的社区提供"网络公民"或任何类型的数字素养课程。关于在数字世界里养育善良、友好、快乐的孩子，感谢大家做出的贡献。